Dorothee Döring
Gemeinsam statt einsam

Dorothee Döring

Gemeinsam statt einsam

Wenn meine Eltern
Pflege brauchen

Bibliografische Information Der Deutschen Nationalbibliothek
Die Deutsche Nationalbibliothek verzeichnet diese Publikation
in der Deutschen Nationalbibliografie; detaillierte bibliografische
Daten sind im Internet über www.d-nb.de abrufbar.

ISBN 978-3-86506-246-8
© 2008 by Joh. Brendow & Sohn Verlag GmbH, Moers
Einbandgestaltung: Brendow Verlag
Titelfoto: colourbox
Satz: Satzstudio Winkens, Wegberg
Druck und Bindung: CPI – Clausen & Bosse, Leck
Printed in Germany

www.brendow-verlag.de

Inhalt

Vorwort

Wir feiern mit unseren Eltern einen Geburtstag nach dem anderen. Aber nehmen wir auch wahr, dass ihre Leistungsfähigkeit immer mehr abnimmt?

Irgendwann lässt sich der permanente körperliche und geistige Abbauprozess nicht mehr leugnen, und es stellt sich für die Kinder die Frage: Wohin mit den Eltern?

Um zu verhindern, dass Sie von den Ereignissen »überrollt« werden, ist es nur vernünftig, sich frühzeitig auf die absehbaren Entwicklungen einzustellen.

Ihnen hierbei zu helfen ist das Anliegen meines Buches.

Wenn Sie erst einmal erkannt haben, dass Ihre Eltern sich nicht mehr allein versorgen können oder – in ihrem eigenen Interesse – sollten, stellt sich die Frage, wer die Verantwortung für ihre Betreuung und Pflege übernehmen soll.

Zur Auswahl stehen grundsätzlich drei Wege:

1. Sie selbst betreuen und pflegen Ihre Eltern im häuslichen Umfeld,
2. Sie lassen sich durch »ambulante Dienste« unterstützen,
3. Sie bringen Ihre Eltern in eine stationäre Einrichtung der Altenpflege.

Auf jedem dieser Wege werden Sie mit Problemen konfrontiert. Mein Buch möchte Sie darauf vorbereiten und Ihnen helfen, nicht nur den »richtigen Weg« einzuschlagen, sondern auch mit den Schwierigkeiten fertig zu werden.

Schließlich geht es nicht nur um Ihre Eltern, es geht auch um Sie! Auch Sie werden einmal gebrechlich und hilfebedürftig sein.

Dieter Hildebrandt, der selbst bereits über 80 ist, aber das Glück hat, körperlich und geistig noch in hervorragender Verfassung zu sein, brachte es in einem Interview auf den Punkt: *»Ich bin heute nicht behindert, kann es aber morgen sein. Ich brauche jetzt keinen Rollstuhl, das kann sich aber in den nächsten 15 Minuten ändern. Ich habe keinen Schlaganfall gehabt, kann aber von hier weggehen und weiß nicht mehr, wer ich bin.«* Diese Aussage verdeutlicht, warum es für jeden Menschen wichtig ist, auch über die eigene Hilfe- und Pflegebedürftigkeit nachzudenken.

KAPITEL 1

Wenn alte Eltern Hilfe brauchen

1. Die Abnahme der körperlichen und geistigen Kräfte

Manchmal geht es ganz schnell. Ein Schlaganfall, ein Sturz auf der Kellertreppe, und nichts ist mehr, wie es früher war. Nach dem Krankenhausaufenthalt, der aufgrund des leistungsorientierten Abrechnungssystems heutzutage wesentlich verkürzt ist, sehen sich die Familienangehörigen mit einem Pflegefall konfrontiert. Die Souveränität, mit der die Eltern ihr Leben gemeistert haben, ist dahin, die Tatkraft erlischt.

In den meisten Fällen muss die betroffene Familie mit einer völlig unerwarteten und unbekannten Situation zurechtkommen. Für viele Angehörige ist es dann selbstverständlich, die Nachbetreuung des Patienten im eigenen Haus zu übernehmen.

Der Anlass für die Pflegebedürftigkeit der Eltern muss aber nicht ein Unfall oder ein Krankenhausaufenthalt sein. Oft ist ein schleichender Verfall zu beobachten. Die Eltern werden alt und älter, und es zeigen sich fortschreitend immer mehr körperliche und/oder geistige Defizite. Die Anzeichen des »Abbaus« sind zunächst unscheinbar und werden daher lange Zeit nicht wahrgenommen, bis man sie irgendwann nicht mehr übersehen kann. Immer mühsamer wird dann das Treppensteigen, immer lauter der Fernseher, immer häufiger die Bitte: »*Gibst du mir mal …*« Irgendwann wird es Opa zu viel mit dem Garten, und Oma schafft den Haushalt nicht mehr. Irgendwann können wir den Geruch nicht mehr verleugnen, der sich im Elternhaus festgesetzt hat, die Flecken in der Tischdecke und im Teppichboden, die Fingerabdrücke an Möbeln und Glasvitrine, die unsaubere Toilette. Dann kommt für Kinder die schmerzhafte Erkenntnis: *»So kann's nicht mehr weitergehen.«*

2. Die Akzeptanz des Rollentausches

Es ist für erwachsene Kinder unangenehm zu erleben, wie die ehemals starken Eltern gebrechlich und hilfebedürftig werden. Oft macht es Angst, weil die Jungen vielleicht zum ersten Mal ernsthaft über das eigene Alter nachdenken müssen: Wird es mir auch so gehen? Werde ich auch so vergesslich sein, so langsam? So werden aus Hilflosigkeit, Unsicherheit und Angst vor den Konsequenzen die ersten Anzeichen der Hinfälligkeit der Eltern lange verdrängt. Unsere Eltern sollen stark sein, lange leben, ihren Ruhestand in vollen Zügen genießen, auf die Enkel aufpassen, damit wir auch mal allein ins Wochenende fahren können. Sie sollen für die Hypothek bürgen, uns diskret zum Geburtstag einen Hunderter zustecken und Verständnis zeigen, wenn wir Probleme haben. Aber sie sollen nicht alt und gebrechlich werden, denn damit endet die Zeit des selbstverständlichen Nehmens, dann ist es an uns, ihnen etwas zu geben.

Wenn nun aber der geistige und körperliche Verfall unserer Eltern nicht mehr geleugnet werden können und sie auf Hilfe angewiesen sind, verändert sich nicht nur das Leben der Eltern, sondern auch das der Kinder. Es findet nach und nach ein *»Rollentausch«*[1] unter den Generationen statt: Eltern werden zu Kindern, Kinder werden zu Eltern.

Diese Rollenumkehr ist von vielen Menschen nur schwer
zu akzeptieren, auch deshalb, weil wir uns spätestens jetzt
mit unserem eigenen Älterwerden auseinandersetzen und
darüber nachdenken müssen, was geschehen soll, wenn
wir selbst in die Situation geraten, in der nun die eigenen
Eltern sind.

Die Akzeptanz der Kinder, Verantwortung für die Eltern zu übernehmen

Kinder wachsen im günstigen Fall ohne Vorbehalte und innere Widerstände in die Elternrolle gegenüber ihren Eltern
hinein. Für sie ist es ein Zuwachs an Verantwortung und
Autorität. Andererseits ist die Ausübung dieser Rolle, wie
wir noch sehen werden, nicht ganz unproblematisch.
Denn nicht alle Kinder, die Verantwortung für ihre Eltern
übernehmen müssen, kommen damit gut zurecht. Sie akzeptieren zwar ihre neue Rolle, indem sie ihren Eltern helfen und sie unterstützen, aber ihre eigene Lebensplanung
wird über einen oft langen Zeitraum beeinträchtigt. Das
führt zu dem Dilemma, die Verantwortung für die alten
Eltern und die eigenen Bedürfnisse unter einen Hut zu
bekommen.

Diejenigen, die daran denken, die Pflege ihrer Eltern
oder Schwiegereltern selbst zu übernehmen, sollten sich
deshalb zuvor überlegen, worauf sie sich einlassen und ob
sie sich einer jahrelangen Verantwortung gewachsen fühlen. Helfen zu wollen ist ehrenwert, jeder muss aber auch
Verantwortung für sich selbst übernehmen und beurteilen, ob er sich das zutraut, denn Langzeitpflege hat einen
Preis: Viele Pflegende werden am Ende selbst krank. Ver-
einsamung und Isolation, Probleme im Job, Schlafstörungen und Depressionen können die Folge einer Überforde-

rung sein. Ob man seine Eltern selbst pflegt, womöglich sogar in die eigene Wohnung aufnimmt, soll man sich deshalb gut überlegen.

Viele pflegende Angehörige sind sich nicht bewusst, wie stark sie dann als Familie gefordert sind und wie lange Pflege dauern kann. Sie rechnen auch nicht damit, dass die Beziehung, die auf Distanz gut funktioniert hat, in der Nähe womöglich zur Qual für beide Seiten wird, weil alte Beziehungsmuster wieder aktiviert werden. Es ist empfehlenswert, sich zunächst klarzumachen, was man leisten kann und will.

Wenn beispielsweise eine Tochter ihre Berufstätigkeit nicht aufgeben möchte, um ihre Eltern zu pflegen, dann muss sie das deutlich sagen, auch gegenüber den Geschwistern.

Die Akzeptanz der Eltern, Hilfe von ihren Kindern anzunehmen

Es ist menschlich verständlich und wohl auch die Regel, dass die Eltern das Älterwerden und die damit verbundenen Einschränkungen möglichst lange verdrängen. Es hat ja noch Zeit, sich mit diesem unangenehmen Thema zu befassen ... Doch wenn die Kinder ihnen helfen sollen, dann muss erstens darüber gemeinsam gesprochen werden, denn der Start ins Alter will gut überlegt und nicht zuletzt finanziell vorbereitet sein. Mit Widerstand müssen Sie als Angehöriger rechnen. Es kann Ihnen passieren, dass Sie von den Eltern zu hören bekommen: *»Mich kriegt ihr aus dieser Wohnung nur mit den Füßen zuerst raus.«* Oder: *»Natürlich ziehen wir zu dir – wir haben Oma und Opa ja auch gepflegt.«*

Und zweitens müssen die Kinder auch die Kompetenz

zur Hilfe bekommen. Dafür sind z. B. mit Hilfe eines Notars
Vollmachten (s. Seite 41: »Der Umgang mit demenzerkrankten Eltern und ihre Pflege in der Familie«) zu formulieren.
Und es ist sicher vernünftig, die Eltern, solange sie geistig
noch dazu in der Lage sind, zum Aufsetzen und Hinterle-
gen eines Testaments aufzufordern.

Doch manche Eltern lehnen es schlichtweg ab, über
das Thema ihrer zunehmenden Hinfälligkeit und damit
über die Maßnahmen zu reden, wie ihnen geholfen werden könnte. Und wenn sie ihren sich verschlechternden
Zustand verdrängen, versuchen sie auch, diese notwendigen Verfügungen so lange wie möglich hinauszuschieben.
Manche werden im Alter immer misstrauischer, auch gegenüber den Kindern, und lehnen es ab, Vollmachten zu
erteilen.

Der Grund, warum die Eltern ihre neue Rolle nicht annehmen wollen, ist die Angst vor dem Verlust ihrer Auto-
nomie. Sie müssen von Selbstständigkeit und Selbstbestimmung Abschied nehmen, verlieren an Einfluss und Macht,
trauern um verloren gegangene Kompetenzen. Manche
Pflegebedürftige wagen aus dem Gefühl der Abhängigkeit
heraus nicht mehr, Wünsche und Bedürfnisse zu äußern.
Autonomieverlust ist ein schmerzhaftes Verlusterlebnis,
das Menschen total verändern kann.

Ältere Menschen brauchen Zeit, sich mit künftigen Ver-
änderungen auseinanderzusetzen. Die Frage, wo man den
letzten Abschnitt des Lebens verbringt, ist nicht bei einem
Nachmittagskaffee zu klären. Vom ersten Gespräch bis zu
einer Entscheidung können mehrere Jahre vergehen. Daher müssen die Gespräche mit den Eltern frühzeitig und
vorausschauend geführt werden. Im Idealfall entsteht ein
Plan, durch wen, wo, wie und wann den Eltern in ihrem
letzten Lebensabschnitt geholfen wird.

KAPITEL 2

Pflege durch die Familie

Die Bereitschaft, sich alter Eltern anzunehmen, ist auch heute noch sehr groß. Ende 2002 lag die Zahl der Pflegebedürftigen in Privathaushalten – gemessen an den Leistungsbeziehern der sozialen oder privaten Pflegeversicherung – bei rund 1,4 Millionen. Das sind rund 70 Prozent aller Pflegebedürftigen in Deutschland. Hinzu kommen knapp 3 Millionen vorrangig hauswirtschaftlich Hilfebedürftige, d. h. Personen mit Einschränkungen bei ihren alltäglichen Verrichtungen. In ganz überwiegendem Maße tragen die näheren Angehörigen die Verantwortung für die Betreuung der Pflege- und Hilfebedürftigen.[2]

Wie solche Pflege im Idealfall aussehen kann, lesen Sie in der folgenden Geschichte:

Laura, 63, nahm vor sieben Jahren ihre 82-jährige Schwiegermutter bei sich auf. Seitdem bestand ihr Tagesrhythmus darin, der Schwiegermutter beim Waschen und Anziehen zu helfen und anschließend mit ihr gemeinsam zu frühstücken. Das wurde zu einem Ritual, einem Stück gemeinsamer Zeit, in der die Schwiegermutter die immer gleichen Geschichten aus ihrem Leben erzählen konnte und in der Laura versuchte, ihre Welt zu verstehen.

Laura hat in sieben Jahren Erfahrungen sammeln können. Im Nachhinein erkennt sie, dass die wichtigste Herausforderung darin bestanden hat, die Balance zwischen gemeinsam und getrennt verbrachter Zeit zu finden. Aber es habe lange gedauert, bis sie zu einem guten Ablauf gefunden hätten.

Ganz wichtig sei gewesen, dass die ganze Familie die Entscheidung mitgetragen habe, Oma bei sich zu Hause aufzunehmen. Oft und ausführlich habe die Familie darüber diskutiert und auch heute, mit der Erfahrung von sieben Jahren, würde Laura sich wieder so entscheiden.

Oma Anna war im Alter von 82 Jahren gestürzt, hatte sich zwei Wirbelbrüche zugezogen und konnte sich kaum noch bewegen. Das war der Grund dafür, dass Laura ihre Schwiegermutter in ihrer Familie aufnahm. Sie zog ein und bewohnte zwei Zimmer in der ersten Etage. Seitdem erledigte Laura kleinere pflegerische Aufgaben, z. B. kontrollierte sie die regelmäßige Einnahme der Medikamente und leistete der Schwiegermutter Hilfe beim Waschen und Duschen, weil sie sich nicht mehr bücken konnte. Auch das Kochen und die Wäschepflege übernahm Laura. In diesem Umfang traute sie sich die Betreuung durchaus zu und freute sich darüber, ihrer Schwiegermutter menschliche Wärme und Aufmerksamkeit zu vermitteln. Das aber führte dazu, dass Laura anfangs zu viel Zeit mit ihr verbrachte. Laura war die Verbindung nach außen, sie ermunterte ihre Schwiegermutter, auch mal allein spazieren zu gehen, und organisierte zur Unterhaltung der alten Frau Besuche. Sie begleitete ihre Schwiegermutter sogar zu Seniorenveranstaltungen, weil sie allein nicht dorthin gehen wollte.

Nach drei Jahren kam für Laura die große Krise: immer der gleiche starre Tagesablauf, Schwiegermutter, ihr Mann, ihre Kinder, ihr Harmoniebedürfnis, die körperliche und seelische Belastung – alles prallte eines Tages aufeinander.

Laura fühlte sich ausgebrannt, sie hatte sich überfordert. In dieser Situation suchte sie sich Gesprächskreise für pflegende Angehörige, wo sie selbst auch mal »meckern und Dampf ablassen« konnte. Das hat ihre Seele erleichtert und entlastet. In diesen Gesprächen mit ebenfalls Betroffenen wurde ihr klar, dass eine große Gefahr darin liegt, pflegebedürftige Angehörige zum wichtigsten Lebensinhalt zu machen.

Laura war in die Falle getappt, sich nur noch Gedanken um das Wohlergehen ihrer Schwiegermutter zu machen. Damit hatte sie sich übernommen. Sie musste wieder lernen, sich für ihre eigenen Belange zu interessieren, und machte eine Ausbildung für die Erwachsenenbildung. Das musste sie zunächst in ihrer Familie durchboxen, denn das hatte Konsequenzen. Für die Familie wurde einiges unbequemer. Laura delegierte Aufgaben, und jeder musste etwas Arbeit und Verantwortung übernehmen. Doch am Ende – nach anfänglichen Widerständen – klappte alles sehr gut.

Laura machte eine wichtige Erfahrung: Je weniger sie sich auf ihre Schwiegermutter fixierte, umso flexibler wurde ihre Familie. Inzwischen geht sie wieder mehr ihren Bedürfnissen nach und ist häufig unterwegs. Dass das möglich sein könnte, hätte sie sich nie träumen lassen. Während ihrer Abwesenheit brach das familiäre System nicht zusammen, wie sie zuvor angenommen hatte. Die Betreuung von Oma übernahmen dann ihr Mann und ihre Kinder. Laura lernte, dass sie für niemanden ihr eigenes Leben und ihre Interessen aufgeben darf und dass sie sich eigene Lebensziele stecken muss.

Auch *Kurzzeitpflege* für die Zeit eines gemeinsamen Urlaubs war für Laura irgendwann kein Tabu mehr. Heute überwiegen die positiven Seiten des Zusammenlebens. Ihre Schwiegermutter hat einen Blick für das, was Laura täglich leistet, und sie erkennt es auch an. Täglich lobt ihre Schwiegermutter sie: »*Das hast du aber lecker gekocht.*« Das hatte bisher noch niemand in der Familie gesagt. Auch äußert Oma häufiger: »*Laura, heute hast du aber wieder viel gearbeitet.*« Die Anerkennung durch Komplimente der Schwiegermutter hatte Folgen. Nach und nach übernahmen Lauras Ehemann und die Kinder Omas positive Wahrnehmung und lobten das, was ihnen zuvor selbstverständlich erschienen war.

Laura hat offenbar alles richtig gemacht, zum Schluss waren alle »happy«. Aber sieht die Wirklichkeit oft nicht ganz anders aus? Im Folgenden lesen Sie, welche Probleme auf Sie zukommen können, wenn Sie sich auf häusliche Pflege einlassen.

1. Die Problematik der Pflege durch Familienangehörige

Überforderungen im Pflegealltag

Es gibt eine Reihe von Umständen, die die Pflege eines alten Menschen zu Hause schwierig machen und oft zu einer Überforderung der pflegenden Kinder führen. Genauer betrachtet lassen sich folgende Problemfelder erkennen:

- das Zeitproblem,
- das Wohnproblem,
- das Qualifikationsproblem,
- das Integrationsproblem,
- das Finanzierungsproblem.

Das Zeitproblem
Generell nimmt die Belastung von Familien durch pflegerische Tätigkeiten immer mehr zu, da die Menschen immer älter werden und die Familiengröße zurückgeht, sodass immer weniger Personen für die Betreuung hilfebedürftiger Verwandter zur Verfügung stehen. Darüber hinaus macht es einen großen Unterschied, ob Familienmitglieder pflegerische Tätigkeiten bei einer Erkrankung von zeitlich beschränkter Dauer übernehmen oder ob die Pflegebedürftig-

keit kein absehbares Ende hat. Bei der Betreuung älterer Menschen handelt es sich, dank der guten medizinischen Versorgung, meist um ein langfristiges Engagement.

Mit dem Altwerden der eigenen Eltern in besonderer Weise belastet ist die sogenannte Sandwichgeneration der 40- bis 60-Jährigen, die meist noch einerseits Verantwortung für die eigenen Kinder haben, andererseits aber auch gefordert sind, ihre alten Eltern wegen zunehmender Hilfebedürftigkeit zu unterstützen. Hinzu kommt, dass aufgrund der zeitlichen Bindung zu einem beträchtlichen Maß auf Freizeit, Urlaub, Wochenendausflüge und andere private Unternehmungen verzichtet und der Kontakt zu Verwandten, Freunden und Bekannten reduziert werden muss. Verbrauchte Kräfte können so nur noch zum Teil regeneriert werden, es kommt zu Frustrationen und zu Unzufriedenheit mit der gegenwärtigen Lebensführung. Dieses trifft vor allem auf Frauen zu, da sie meist die Hauptlast der Pflege tragen. Sie müssen oft auch ihren Beruf aufgeben, sodass sie die aus der Erwerbstätigkeit und dem Kontakt zu Kollegen resultierende Befriedigung verlieren. Weitere psychische Belastungen für Pflegepersonen können aus der Einschränkung der Privatsphäre, aus Zukunftsangst oder Mitleid mit dem Hilfsbedürftigen resultieren. Das häufigste Problem in der Pflege durch eigene Kinder ist aber die emotionale und zeitliche Überforderung, die die Pflegenden sehr schnell an die eigenen Grenzen stoßen lässt. Aber auch die Lebensumstände haben sich verändert. Woher soll z. B. die allein erziehende Tochter mit dem Teilzeitjob noch die Zeit nehmen, sich täglich um die Eltern zu kümmern?

Das Wohnproblem

Wer seine Eltern regelmäßig pflegen möchte, darf nicht zu weit entfernt von ihnen wohnen. Im Idealfall wohnen Opa und Oma in der Nachbarschaft oder zumindest in

derselben Stadt. Diese Voraussetzung ist dann nicht gegeben, wenn die Tochter oder der Sohn aufgrund der heutzutage im Berufsleben geforderten Flexibilität ihre Wohnung
höchstens am Wochenende sehen. In diesem Fall ist an
eine Pflege der Eltern durch die Kinder nicht zu denken. In
einer Zeit, in der die Familien kleiner und Single-Haushalte
zahlreicher werden, in der Flexibilität und Mobilität als
wichtigste Tugenden gelten, sind die hilfebedürftigen Alten
für manche ein nahezu unlösbares Problem.

Die Voraussetzung der Ortsnähe ist auch dann kaum
mehr gegeben, wenn sich der Wohnort der Kinder z. B. mehr
als eine Autostunde entfernt vom Wohnort der Eltern befindet. Dann stellt sich die Frage, ob man die Eltern oder
den Elternteil in das eigene Haus oder – seltener – in die
eigene Wohnung einziehen lässt. Manchmal ist – vielleicht
sogar wegen der finanziellen Unterstützung der Eltern
beim Hausbau – eine Einliegerwohnung vorhanden, die
ihnen nun dienen kann. Im Übrigen muss die Wohnungs-
einrichtung den Bedürfnissen des Pflegebedürftigen ange-
passt werden.

Das Qualifikationsproblem

Welche Kenntnisse und Fähigkeiten von Ihnen verlangt
werden, wenn Sie einen Elternteil pflegen, kommt natürlich ganz auf den Grad der Pflegebedürftigkeit an. Und wenn
Sie nicht zufällig eine Ausbildung als Krankenschwester
oder Pflegerin absolviert haben, werden Sie irgendwann an
die Grenzen Ihres Einsatzes stoßen. Sie werden zunächst
nach Intuition und gesundem Menschenverstand vorge-
hen und sich vielleicht auch gewisse Handgriffe aneignen.
Es bedarf beispielsweise einiger Übung und gezielter Handgriffe, wenn Sie allein versuchen, einen 80 kg schweren
Mann, der durch einen Schlaganfall gelähmt ist, aus dem
Bett in einen Sessel zu heben.

Ein gewisses Maß an nüchterner Professionalität ist auch erforderlich, wenn Sie die Grenze zum Intimbereich überschreiten müssen. Viele alte Menschen haben sich ihren Kindern niemals nackt gezeigt und finden es beschämend, sich von ihnen waschen oder gar windeln zu lassen. Und wenn Ihr Vater schon wieder Stuhlgang im Bett hatte, dann werden Sie mit stoischer Gelassenheit das Bett neu beziehen müssen.

Es kann sich herausstellen, dass man sich trotz zunächst bester Absichten mit der häuslichen Pflege Angehöriger überfordert und übernommen hat. Wenn pflegende Angehörige bei sich selbst Aggressionen unterdrücken müssen oder Ekel vor zu engem Körperkontakt bemerken, sind das ernste Alarmzeichen. Dann sollte die häusliche Pflege beendet werden. Viele pflegende Angehörige fühlen sich als Versager oder schuldig, wenn sie sich eingestehen müssen, dass sie der Pflegeaufgabe nicht gewachsen waren. Das ist eine Psychofalle. Die Beziehung zu Eltern oder Schwiegereltern definiert sich nicht nur darüber, ob man selbst pflegt. Angehörige können auf vielfältige Weise ausdrücken, wie wertvoll ihnen der ältere Mensch ist. Und Pflege kann auch delegiert werden, wie in Kapitel 3 und 4 des Buches beschrieben wird.

Das Integrationsproblem

Wie bereits festgestellt, erfordert die Pflege der Eltern durch Angehörige enorm viel Zeit und Kraft. Ist die pflegende Tochter noch erziehende Mutter und Ehefrau, ist sie auf die Unterstützung oder zumindest auf die Toleranz der Familie angewiesen. Aber statt ihr das Leben etwas zu erleichtern, überhäuft der Ehepartner sie mit Vorwürfen: Sie würde den Haushalt vernachlässigen, die Kinder nicht richtig erziehen und überhaupt für ihn zu wenig Zeit haben. Unter der Gereiztheit der Eltern leiden dann natürlich auch die Kinder. Solche Partnerkonflikte können eine Familie zerbrechen lassen. Es ist deshalb unabdingbar, über die Pflegefrage gemeinsam in der Familie zu beraten. Über die Konsequenzen muss gesprochen werden. Die Regel ist, dass man den Aufwand und die Belastung einer familiären Pflege der Eltern unterschätzt. Doch wenn die Entscheidung getroffen ist, dann muss sie auch von der ganzen Familie mitgetragen werden. Der Pflegebedürftige darf für die übrige Familie kein lästiges Übel sein, sondern er muss in die Familie integriert werden, und jedes Familienmitglied hat entsprechend seiner Möglichkeiten einen Teil der Pflegelast zu tragen.

Das Finanzierungsproblem

Wie wir alle wissen, kostet Pflege Geld. Wenn Kinder ihre alten Eltern pflegen oder pflegen lassen, können daher Finanzierungsprobleme auftreten. Das gilt besonders für die bereits oben angesprochene »Sandwichgeneration«, die gewissermaßen zwischen Unterhaltsverpflichtungen von zwei Seiten her eingeklemmt ist: Angehörige dieser Generation unterstützen oft noch ihre in der Ausbildung oder im Studium befindlichen Kinder und müssen gleichzeitig für die Pflege und Unterbringung ihrer Eltern aufkommen.

Verschärft wird das Problem durch die demographische Entwicklung: Die Lebenserwartung hat sich in den letzten 100 Jahren verdoppelt, und es ist nachweisbar, dass ab dem 70. Lebensjahr das Pflege-Risiko deutlich ansteigt.[3] Die Zuschüsse aus der Pflegeversicherung, das eigene Einkommen aus der Rente der pflegebedürftigen Menschen sowie Ersparnisse reichen jedoch oft nicht aus, um die ständig steigenden Unterbringungs- und Pflegekosten über längere Zeit zu decken. So hat der »Deutsche Ring« 2006 in einer Risikoanalyse »Armutsfalle Pflege« ermittelt[3], dass die Kosten für ambulante Pflegedienste bei einer durchschnittlichen Pflegedauer von 52,6 Monaten über 176 000 Euro betragen. Davon trägt die Pflegeversicherung bei einer unterstellten Pflegestufe III lediglich 75 323 Euro. Sofern die Kosten nicht vollständig aufgebracht werden können, tritt das Sozialamt ein. Doch bevor das Sozialamt in Anspruch genommen werden kann, wird geprüft, inwieweit Kinder für die Pflegekosten ihrer Eltern in Anspruch genommen werden können.

Die Sandwichgeneration ist frustriert und fühlt sich von den Ansprüchen ihrer Kinder und der Eltern erdrückt. Wie es ist, wenn erwachsene Kinder nicht nur für ihre eigenen Kinder, sondern auch noch für ihre pflegebedürftigen Eltern aufkommen müssen, mag folgendes Beispiel verdeutlichen:

Hiltrud, 45:
»Meine Eltern haben mir als einziger Tochter niemals Einblick gewährt in ihre finanziellen Angelegenheiten. Erst als meine Mutter schwerstpflegebedürftig wurde und in eine Pflegeeinrichtung musste, wurde das finanzielle Desaster offenbar. Meine Eltern haben immer wieder Hypotheken auf ihr Haus aufgenommen, um ihr flottes Leben mit Kreuzfahrten und Überwintern auf den Kanaren zu finanzieren. Sie dachten nicht daran, Rücklagen für später zu schaffen. Die Devise meiner Mutter war immer: »Heute hab' ich, heute lebe ich.« Mir war es auch egal, wofür meine Eltern ihr Geld ausgaben. Aber dass ich nun für meine Mutter zahlen muss, obwohl ich noch zwei Kinder in Ausbildung habe, ärgert mich schon sehr. Damit wir unseren Kindern nicht eines Tages auf der Tasche liegen, haben wir neben der obligatorischen Pflegeversicherung eine Versicherung abgeschlossen, die im Pflegefall menschenwürdige Pflege bezahlbar macht. Ich bin sauer auf meine Mutter, die so sorglos jahrelang von einem Tag in den anderen gelebt hat und nun mich dafür bluten lässt.«

Viele Kinder der Sandwichgeneration empfinden so ähnlich wie Hiltrud. Sie fühlen sich erdrückt von den finanziellen Ansprüchen, die ihre Eltern und auch ihre Kinder
an sie stellen.

Noch nie wurde so viel vererbt. Die Nachkriegsgenera-
tion sparte, denn die eigenen Kinder sollten es einmal besser haben. Reichtum wurde vererbt und nicht verbraucht.
So war es bisher. Diese Rücklagen müssen nun aufgezehrt
werden, bevor staatliche Unterstützung in Anspruch genommen werden kann. Ein Umdenken muss stattfinden,
denn vorhandenes Vermögen dient zunächst einmal der
eigenen Lebenssicherung. Nur das, was im Erbfall noch da
ist, kann vererbt werden.

Leider ist der Zeitgeist ein anderer. Viele Menschen
überlegen bereits lange, bevor sie selbst in die Pflegesitua-
tion kommen, wie sie ihre Ersparnisse retten können, bevor sie sie später womöglich für die eigene Pflege einsetzen
müssen. Und viele junge Leute denken darüber nach, wie
sie Vermögen aufbauen können, an das der Staat nicht
herankommt.

Grundsätzlich gilt: *Eltern haften für ihre Kinder, Kinder
haften für ihre Eltern!* Jeder kann für seine Eltern und seine
Kinder zur Zahlung von Unterhalt herangezogen werden –
jedenfalls dann, wenn die Angehörigen bedürftig sind und
der Unterhaltspflichtige leistungsfähig ist. Diese Unterhaltspflicht besteht grundsätzlich das ganze Leben lang.
Das heißt: Auch ein erwachsenes Kind kann noch über
Jahre für den Unterhalt seiner alten Eltern im Pflegeheim
herangezogen werden.

Grundsätzlich – so der Wortlaut eines richtungweisen-
den BGH-Urteils[4] – dürfen erwachsene Kinder nicht aus der
Unterhaltspflicht gegenüber ihren Eltern entlassen werden.
Die »besondere Belastungssituation« der mittleren Generation müsse aber beachtet werden. Diese habe meist längst

eigene Familien gegründet, sehe sich Unterhaltsansprü-
chen der eigenen Kinder und Ehepartner ausgesetzt und
müsse für die eigene Altersabsicherung sorgen. Dem erwachsenen Kind müsse deshalb ein »angemessener eigener
Unterhalt« verbleiben.

Dieses Grundsatzurteil des BGH (Bundesgerichtshof)
verhindert, dass Kinder Haus und Hof verkaufen müssen.
Nachkommen müssen die Pflegekosten für ihre Eltern nur
in einem Umfang erstatten, der nicht zu einer spürbaren
und dauerhaften Absenkung des eigenen Lebensstandards
führt. Unterhaltpflichtigen Kindern müsse ein »angemessener Selbstbehalt« bleiben, entschieden die Richter.

Von niemandem wird erwartet, dass er sich über Ge-
bühr einschränken muss, um so die Pflegekosten für seine
Eltern tragen zu können. Auch muss niemand seine eigene
finanzielle Altersversorgung oder den Unterhalt des Ehe-
gatten gefährden, um dieses Geld aufzubringen. Nur wer in
nachweislichen Luxusbedingungen lebt, dem wird auch
zugemutet, in höherem Umfang für die Versorgung seiner
Eltern einzutreten.

Welcher Euro-Betrag den unterhaltpflichtigen Kindern
monatlich für den eigenen Bedarf verbleiben muss, sagt
das Urteil des Bundesgerichtshofs nicht. Das ist immer
noch eine Frage, die im Einzelfall beurteilt werden muss.
Fest steht nur, die Sozialämter dürfen bei der Ermittlung
der persönlichen Verhältnisse nicht mehr schematisch vor-
gehen und pauschale Beträge zugrunde legen.

Wenn das Sozialamt Forderungen erhebt, empfiehlt es
sich, kompetenten Rat einzuholen, etwa bei einem auf
Sozialrecht spezialisierten Fachanwalt. Wer zu Unrecht die
Erstattung von Pflegekosten an das Sozialamt verweigert, der
muss mit zusätzlichen Zinsen und Verfahrenskosten rechnen. Mit juristischer Hilfe gibt es aber auch gute Chancen,
Forderungen abzuwenden oder zumindest zu reduzieren.

Die bisher dargestellten Schwierigkeiten bei der Pflege durch Familienangehörige wie die knappe Zeit, die Wohnentfernung, das Geld usw. betrafen Probleme rational fassbarer Art. Im Folgenden geht es um geistig-seelische Probleme, die sich zwischen Eltern und Kindern in der neuen Situation der Pflegebedürftigkeit ergeben.

Die Eltern-Kind-Beziehung

Warum Töchter vorwiegend die Pflege übernehmen[5]
Die Zeiten, in denen sich eine ganze Familie um Oma und Opa gekümmert hat, sind vorbei. Die Großfamilie, die zusammen in einem Haus lebt, ist weitgehend ausgestorben. Heute leben die Generationen einer Familie in der Regel an unterschiedlichen Orten – manchmal nur eine Straße weiter, manchmal Hunderte von Kilometern entfernt. Wer pflegt dann die altersschwachen Eltern?

Männer übernehmen in der Regel nur die Pflege ihrer Partnerin – ansonsten erfolgt die Betreuung entsprechend den traditionellen Rollenleitbildern überwiegend durch Ehefrauen, Töchter und Schwiegertöchter. Sie kümmern sich um einen Pflegedienst, organisieren das Leben ihrer alten Eltern oder nehmen sie zu sich.

Es gibt also einen großen Unterschied zu früher. Die Pflege ist individualisiert, d.h., sie kann nicht von mehreren durchgeführt werden, sondern bleibt häufig allein an einer Person hängen – an der Tochter. Sie ist Ansprechpartner Nummer 1, sie tröstet, sie unterhält, sie füttert, sie schimpft.

Die Gründe dafür, dass die Verantwortung für pflegebedürftige Eltern auch heute noch fast immer von den Töchtern übernommen wird, sind vielschichtig: Frauen verfügen über Einfühlungsvermögen, Sensibilität, Sanftheit und

Taktgefühl und fühlen sich eher aufgefordert, Unterstützung zu leisten.

Dabei werden sie nach Kathemann und Sauer[6] von den unterschiedlichsten Motiven geleitet:

- Es ist eine *Selbstverständlichkeit* und ein *moralisches Gebot*, hilfsbedürftigen Menschen zur Seite zu stehen. Schuldgefühle sind ein sicheres Zeichen für die Wirksamkeit einer Norm. Sie treten dann auf, wenn wir glauben, uns zu wenig zu kümmern.
- Es sind *Liebe, Verbundenheit und Zuneigung*. Aber wo Liebe der starke Antrieb ist, sind auch Pflichtgefühle vorhanden.
- Es ist ein *Pflichtgefühl*: entstanden in der Erziehung/ Sozialisation. *»Meine Mutter hat ihre Eltern gepflegt, deshalb mache ich das auch«* – so verfahren viele Töchter, wie z. B.

Annette, 48:
»Für mich ist es Christenpflicht, meinen alten Vater zu pflegen, weil ich als Kind mitbekommen habe, wie meine Mutter ihre Eltern und Schwiegereltern versorgt hat. Ich setze das fort, was meine Mutter mir vorgelebt hat. Mehr als alle guten Worte und Ermahnungen wirkt das gute Vorbild.«

Wenn Töchter weniger aus Liebe als aus Verantwortung und Pflichtgefühl die Pflege ihrer alten Eltern übernehmen, kommt es auf den Grad der (noch) vorhandenen Liebe an. Eine äußerst distanzierte Beziehung der Kinder zu den Eltern ist keine gesunde Ausgangsposition für die Übernahme von Verantwortung, besonders für eine häusliche Pflege. Wenn fundamentale Nähegefühle fehlen, wird das Helfen erschwert. Die Hilfe wird als Last empfunden, da aus reinem Pflichtgefühl heraus gehandelt wird. Viel-

leicht sind erwachsene Kinder mit einem stark beeinträch-
tigten Verhältnis zu ihren Eltern, die aus diesem Grund
nicht selbst pflegen möchten, einfach ehrlicher, weil sie
um die zu erwartenden Beziehungsschwierigkeiten wissen.
Allerdings schließt Distanz nicht aus, dass man sich um
eine gute Versorgung von Mutter oder Vater kümmert.

- Es pflegt das ewige »*schwarze Schaf*« der Familie, um
  etwas wiedergutzumachen, in der Hoffnung auf *ver-
  spätete Liebesbeweise*. Wenn das »Buhlen« um Anerkennung eine tragende Rolle spielt, besteht die Gefahr
  einer aufopferungsvollen Pflege, die den Pflegenden
  einer ständigen Überforderung aussetzt, zumal oft
  die ersehnte Anerkennung ausbleibt.

  Viele Töchter gehen aber auch an diese neue Aufgabe heran in der Hoffnung, dass sich nun die vielleicht lebenslang belastete Beziehung zu den Eltern
  bessern würde, schon deshalb, weil diese nun für die
  Zuwendung dankbar sein müssten. Aber die Realität
  zeigt oft etwas anderes (s. Abschnitt »Das Wiederauf-
  brechen alter Eltern-Kind-Konflikte«!):
- »*Sie ist doch meine Mutter*« bedeutet: Die Wurzeln unserer Identität werden berührt. Es gibt eine *unsicht-
  bare Nabelschnur*, die stärker ist als Pflicht und Liebe.
  Die Eltern-Kind-Beziehung ist im Vergleich zu allen
  anderen Beziehungsmustern unangefochten die be-
  deutsamste, und das mag die hohe Verantwortungs-
  bereitschaft erklären.
- Es ist die Hoffnung auf eine *allerletzte Aussöhnung*
  zwischen Eltern und Kindern.
- Es ist eine *karitative Einstellung*: Nächstenliebe, Mitleid, Hilfsbereitschaft.
- Es sind *ethisch-religiöse Leitbilder* wie das 4. Gebot:
  »*Du sollst Vater und Mutter ehren.*«

- Es ist das *Versprechen* einem verstorbenen Elternteil gegenüber: *»Sorge für Mutter, wenn ich nicht mehr da bin!«*
- Es ist die *Wiedergutmachung*: Man möchte das zurückgeben, was man als Kind von den Eltern empfangen hat. Gebietet es nicht die Dankbarkeit für all das, was unsere Eltern für uns getan haben, dass wir selbst sie in ihren letzten Jahren pflegen?
- Es ist die *Aussicht auf finanzielle Zugewinne und Erbschaften.*

Die Belastung der Töchter durch die Erwartungshaltung der Eltern

Wer seinen Eltern helfen will, muss logischerweise zunächst erkennen, wo und in welcher Weise Hilfe nötig und möglich ist. Dies ist die objektive Seite der Aufgabe. Um diese Aufgabe erfolgreich lösen zu können, müssen aber auch die subjektiven Erwartungen der Beteiligten berücksichtigt werden. Im vorangegangenen Abschnitt wurden Erwartungen der Töchter geschildert. Im Folgenden geht es um die Erwartungen, die die Eltern an die pflegende Tochter haben. Das Spektrum dieser Erwartungen ist weit. Es reicht von der die Interessen und Bedürfnisse der Tochter berücksichtigenden Minimalerwartung bis zum Versuch, die Tochter mit unverhohlenem Egoismus in die Pflicht zu nehmen. Je größer die Erwartungshaltung ist, umso größer der psychische Druck auf die Tochter, z. B. dadurch, dass man ihr ein schlechtes Gewissen macht.

Die Erwartungen der Eltern werden nicht immer direkt ausgedrückt. Zum Beispiel schließt der Satz: *»Ich möchte euch nicht zur Last fallen«* überhaupt nicht stillschweigende Erwartungen aus. Abgesehen davon verlieren solche Aussagen mit zunehmender Hilfsbedürftigkeit sowieso ihren Sinn. Besonders belastend wirken sich unausgesprochene, unreflek-

tierte, nicht auf die Tochter, sondern auf die Lebenssituation im Allgemeinen gerichtete Erwartungen aus. Da diese
als schlecht beurteilt wird und eben nicht den Erwartungen
entspricht, macht sich Unzufriedenheit breit. Diese richtet
sich dann in Form von Nörgelei, Vorwürfen, Ungerechtigkeiten bis hin zu Aggressionen gegen die helfende Tochter.

Wie belastend sich die Erwartungshaltung der Eltern auf
die Tochter auswirken kann, geht aus folgenden Beispielen
hervor:

Angela, 60:

*»Meine Mutter macht mir ein schlechtes Gewissen. Inzwischen bin ich selbst schon aus gesundheitlichen Gründen in
Frührente. Statt mich um meine eigenen gesundheitlichen
Beeinträchtigungen kümmern zu können, bin ich als Einzelkind diejenige, die ihre alten Eltern, mittlerweile 88 und
86 Jahre alt, immerzu betreuen muss. Sie wohnen zwar noch
in einer Wohnung und werden von Pflegediensten und von
»Essen auf Rädern« versorgt. Ich schaue täglich bei ihnen
vorbei, und täglich jammern sie mir vor, wie schrecklich es
ist, alt und einsam zu sein, obwohl sie ja noch zusammen
sind. Ich hatte mir vorgestellt, in der Frührente mehr für
mich und meine Gesundheit tun zu können. Weit gefehlt!
Meine alten Eltern fixieren sich so extrem auf mich, dass ich
immerzu präsent sein muss. Wenn ich mal nicht komme,
weil ich mal etwas für mich mache, kommen sofort Vorwürfe. Meine Eltern haben mich mit dem schlechten Gewissen, das sie mir machen, fest im Griff. Das macht mich
aggressiv, weil ich durch sie daran gehindert werde, mein
Leben zu leben. Ich fühle mich jetzt schon überlastet und
kann das tägliche Jammern nicht mehr hören.«*

Warum alte Eltern oft aggressiv und ungerecht werden, das
zeigt folgendes Beispiel:

Reginas Vater, 79, ist mit sich und seiner Situation unzufrieden und klagt: »*Ich dachte, ich kann arbeiten und aktiv
sein, bis ich einmal tot umfalle. So lange nutzlos herumzulie-
gen, das wäre mir nie in den Sinn gekommen.*«

Regina leidet zwar unter der Unzufriedenheit ihres Vaters, aber sie versteht, dass ihr Vater, der immer emsig gearbeitet hat, durch die Einschränkungen im Alter seinen
Lebensentwurf zerstört sieht. Abhängig von anderen zu
sein war darin nie vorgesehen, und das Ausgeliefertsein in
seiner Hilflosigkeit macht ihn unzufrieden, nörgelig und
ungerecht.

Auch für Tochter Regina ist es nicht leicht, zu erleben,
wie ihr einst vitaler Vater seine Fähigkeiten verliert. Kinder
werden durch die Hilflosigkeit ihrer Eltern in eine vollkommen neue Rolle gezwängt. Eltern, die ihnen jahrzehntelang zur Seite standen, werden nun von ihnen abhängig.
Es ist schwer, mit diesem Rollentausch umzugehen. Beide
Seiten, die sich hilflos einer Situation, auf die sie nie vorbereitet wurden, ausgeliefert sehen, entladen ihren Unmut
durch Aggressionen und Streit. Auch Regina, die die Pflege
ihres Vaters übernommen hat, weiß nicht, worauf sie sich
eingelassen hat. Vieles ist schwerer als gedacht, und oft
fühlt sie sich überfordert.

Das Wiederaufbrechen alter Familien-Konflikte
Unter Familienkonflikten ist hier vor allem der Eltern-
Kind-Konflikt zu sehen. Darüber hinaus kann es auch Ge-
schwisterkonflikte geben.

Der Eltern-Kind-Konflikt
In den vorangegangenen Abschnitten wurde geschildert,
welche Erwartungen die Töchter an ihre Eltern einerseits
und welche Erwartungen die Eltern an die Töchter andererseits haben. Werden Erwartungen nicht erfüllt, führt das

zu Frustrationen. Daraus entwickeln sich häufig Konflikte.
Ihre eigentlichen Ursprünge liegen oft weit in der Vergangenheit des Familienlebens.

Oft liegen unbereinigte jahrzehntealte Verletzungen
vor, die den Umgang miteinander erschweren. Wie soll es
Kindern möglich sein, ihre alten Eltern mit Respekt und
liebevoller Fürsorge zu pflegen, wenn diese früher hart, ungerecht und unnahbar waren? Wie soll ein Kind seine Mutter ehren, wenn diese ihr Kind nie als erwachsenen Menschen anerkannt und ihr Leben lang versucht hat, an
ihm herumzuerziehen? Wie soll eine Frau eine Schwiegermutter umsorgen, die sich eine andere Schwiegertochter
gewünscht hatte und daraus auch nie ein Geheimnis gemacht hat? Zwischen Liebe, Wut und Pflichtgefühl pendeln die Gefühle von Kindern, die vom Rollentausch betroffen sind.

Besonders zu Beginn der Pflege alter Eltern können
Spannungen und Konflikte auftreten: Bisher lebten die Generationen getrennt, hatten ihren eigenen Lebensstil und
vermieden Konflikte – nun müssen sie unter erschwerten
Bedingungen wieder das Zusammenleben erlernen. Dann
ist es nicht verwunderlich, dass alte Konflikte aufleben.

Howard M. Halpern analysiert in seinem Buch »Abschied von den Eltern«[7] Interaktionen, die hartnäckig
zwischen Eltern und den erwachsen werdenden Kindern
wiederholt werden. Diese Muster nennt er »Tanzlieder«:
Dieselben Worte, dieselbe Musik, dieselben Tanzschritte
wiederholen sich immer wieder und sind Synonyme für
ein rituelles Eltern-Kind-Verhalten, das sich oft der eigenen
Selbstbeobachtung entzieht und nach wie vor für Konflikte
sorgt. Ich kann mich noch erinnern an die Fahrten zu meinen Schwiegereltern, wenn mein Mann und ich im Auto
überlegten, welche Themen wir bei dem Besuch tunlichst
aussparen sollten, um Verstimmungen zu vermeiden. Es hat

selten etwas genützt, weil sich eben die Kommunikation zum großen Teil unbewusst vollzieht. Viele Missverständnisse und auch Verletzungen aus der Vergangenheit erschweren den gegenseitigen Zugang und das Verständnis füreinander.

Da es uns offensichtlich schwerfällt, neue »Tanzlieder« zu lernen, hilft es nur, uns die unerfüllten oder unerfüllbaren Erwartungen bewusst zu machen, die den Konflikten zugrunde liegen.

Wenn Sie vor der Entscheidung stehen, ob und wie Sie Ihre unterstützungsbedürftigen Eltern pflegen oder betreuen sollen, kann es hilfreich sein, neben einer klaren Bestandsaufnahme auch die eigenen Beweggründe zu erforschen. Mit auftretenden Konflikten kann man besser umgehen, wenn man um ihre Ursprünge weiß. Das Motiv für unsere Hilfeleistung hat auch Einfluss auf die Qualität der Pflegebeziehung.

Es gibt Menschen, die, auch wenn sie die 40 oder 50 überschritten haben, immer noch auf die Liebe und Anerkennung ihrer Eltern hoffen, die sie früher nicht bekommen haben. Leider wird dieser Wunsch selten erfüllt, wie das nachfolgende Beispiel zeigt:

Jutta, 60: Sie versorgt ihren Ehemann und die alten Eltern. Eigentlich sind ihre Pflichten sogar eine Doppelpflege, denn Vater und Mutter, seit vielen Jahren geschieden, betreut die Tochter einzeln. Der 90-jährige Vater lebt in der Einliegerwohnung ihres Hauses, die bettlägerige Mutter, 89 Jahre alt, ist in ihrer Wohnung geblieben und wird dort von ihrer Tochter versorgt.

Da Jutta als Einzelkind allein für beide Eltern verantwortlich ist, wird es immer schwieriger für sie, sich notwendige eigene Freiräume zu bewahren und nicht ganz in der Fürsorge unterzugehen. Eine gewisse innere Distanz zu ihren Eltern hat sie bewusst geschaffen. Zwischen ihrer Mutter und ihr bestand immer ein gespanntes Verhältnis, weil sie nicht deren Vorstellungen von einer idealen Tochter erfüllte. Als Jutta dann älter wurde, wünschte sie sich, dass es vielleicht doch eines Tages möglich sein könnte, eine liebevolle Mutter-Tochter-Beziehung aufzubauen. Leider ist ihr das nicht gelungen. Man pflege jetzt einen freundlichen Umgangston miteinander, und die Mutter schätze auch, was sie als Tochter für sie leiste. Immer wieder ist Jutta aber verletzt und enttäuscht, wenn sie mitbekommt, dass sich ihre Mutter bei ihrem Vater über sie beklagt.

Noch schwerer zu ertragen war für Jutta, plötzlich massive Kritik von ihrem Vater zu hören, gerade weil sie immer dachte, eine wunderbare Beziehung zu ihm zu haben. Nach einem heftigen Streit kehrte zwar wieder Burgfrieden ein, doch ganz ausgeräumt werden konnten die Missverständnisse nicht. Ein wirklich klärendes Gespräch kam schon deshalb nicht zustande, weil der 90-Jährige extrem schwerhörig ist. Jutta hat sich inzwischen arrangiert und begriffen, dass man sich erst dann seiner Eltern annehmen kann, wenn man sich selbst abgenabelt hat und eine autonome Person ist.

Warum gehen erwachsene Kinder so sehr an die Grenzen der eigenen Belastbarkeit? Oft haben sie Schuldgefühle, wenn sie die Pflege nicht übernehmen. Viele sind auch in alten Beziehungsmustern gefangen und können sich nicht abgrenzen und nein sagen. Viele Töchter, die als Kind niemals Lob und Anerkennung bekamen, hoffen nun, als »gute Tochter« geliebt und anerkannt zu werden. Die Enttäuschung ist umso größer, wenn das nicht geschieht.

Ein besonderer Konflikt ergibt sich, wenn der Rollentausch während der Pflegezeit erst spät oder gar nicht vollkommen realisiert wird. Während Eltern über ihre Kinder

Macht ausüben können, solange diese von ihnen abhängig sind, sind Kinder, die zu Eltern ihrer Eltern werden, darin gehemmt. Machtausübung gegenüber Eltern ist tabuisiert. Die Umkehrung des früheren Machtverhältnisses stürzt erwachsene Kinder in einen Konflikt. Sind Eltern-Kind-Beziehungen ohnehin durch eine konfliktreiche Vergangenheit belastet, besteht die Gefahr, dass das pflegende Kind nun alte aggressive Tendenzen unter dem Mantel einer fürsorglichen Autorität auslebt. Hierzu ein Beispiel:

Annemarie, 64:
»Ich habe meine pflegebedürftige Mutter, die immer eine böse Frau war, unter der ich als Kind gelitten habe, seit fünf Jahren zu Hause in Pflege. Dabei bin ich ständig im Konflikt zwischen Verantwortung und Pflichtgefühl. Oft ertappe ich mich dabei, dass ich meiner Mutter auf gleiche Weise drohe und sie unter Druck setze, wie sie das früher bei mir getan hat ... ›Wenn du nicht gehorchst, dann musst du ins Heim.‹ Manchmal halte ich es nicht mehr aus mit den Boshaftigkeiten meiner Mutter, und oft genug habe ich auch schon gedacht, warum habe ich nicht endlich Ruhe vor ihr. Hat sie mich nicht früher bereits genug drangsaliert und gequält? Irgendwann muss doch mal Schluss sein. Wie lange muss ich das noch ertragen, wofür eigentlich werde ich so gestraft?«

Geschwisterkonflikte
Auch zwischen den Geschwistern kann es zu Konflikten im Zusammenhang mit der Pflege der Eltern kommen, insbesondere dann, wenn in der Vergangenheit Streit und Missgunst das Verhältnis untereinander vergifteten.

Da ist zunächst die Frage, wer die Last der Pflege tragen soll. Zu Konflikten kommt es vor allem, wenn die ganze Arbeit nur an einer Person hängen bleibt, sei es, weil diese als Einzige im selben Ort wie die Eltern lebt, beruflich nicht ganz so stark eingespannt ist, keine Kinder hat oder – eine Frau ist. Weitere Konfliktursachen sind noch in der Kindheit angelegte Eifersuchtsgefühle sowie die Sorge um das eigene Erbteil. Hierzu folgende Beispiele:

Heinz, 61, findet keine Anerkennung und leidet
unter Eifersucht:

»Nach dem Tod meines Vaters nahmen meine Frau und ich meine Mutter zu uns. Anfangs war es ein Geben und Nehmen. Sie machte sich in Haus und Garten nützlich und wusste auch, wann es Zeit war, sich zurückzuziehen. Seit drei Jahren ist sie allerdings schwerstpflegebedürftig. Trotz der Pflegedienste überfordert uns die Pflege rund um die Uhr. Wir haben auch schon mal gefragt, ob eines der anderen Kinder Mutters Betreuung für kurze Zeit übernehmen würde – Fehlanzeige. Die kommen immer nur zu Besuch, kommen für wenige Stunden und erwarten auch noch von meiner Frau und mir, sich an einen gedeckten Tisch setzen zu können. Mich ärgert aber ganz besonders, dass Mutter unseren täglichen Einsatz für selbstverständlich hält, während sie uns gegenüber immer von den Vorzügen der anderen Kinder, die sich nicht in den Niederungen des Alltags bewähren müssen, vorschwärmt. Es ist ja bekannt, dass die Kinder, die am weitesten weg sind oder nur sehr selten kommen, die liebsten sind, was ich aber als sehr ungerecht empfinde. Auch von meinen Geschwistern wird nicht anerkannt, was wir täglich für Mutter tun und dass wir dadurch unser eigenes Leben aufopfern. Und wenn dann noch dumme Sprüche oder kluge Ratschläge kommen oder sogar Vorwürfe, mit Mutter nicht richtig umzugehen, dann kann ich nur ausrasten. Eigentlich ist es wie früher, meine Geschwister sind Klugscheißer, machen dumme Sprüche, und am Ende bleibt das Unangenehme an mir hängen.«

Silvia, 49, sorgt sich um ihr Erbteil und ist deshalb
gegen eine Heimunterbringung:
»*Meine Mutter lebte nach dem Tod meines Vaters noch 17
Jahre allein in ihrem Haus und war recht rüstig. Mit einer
Putzhilfe und einer Einkaufshilfe war es ihr möglich, sich
lange selbst zu versorgen. Schlagartig änderte sich das, als
sie infolge einer schweren Operation körperlich und geistig
abbaute und nicht mehr allein leben konnte. Zunächst
nahm meine Schwester, die bereits im Ruhestand ist, sie bei
sich auf, in der Hoffnung, sie noch einmal aufpäppeln zu
können. Leider erfüllte sich diese Hoffnung nicht. Da es
keine Lösung ist, Mutter im 14-tägigen Rhythmus hin- und
herzutransportieren, muss eine andere Lösung her. Meine
Schwester, die immer schon das Sagen hatte, meinte, dass
nun ein Pflegeheim unumgänglich wäre. Das würde aber bedeuten, dass Mutters Haus für die Heimunterbringung drauf-
gehen würde, weil ihre kleine Rente nicht reicht, um die Kosten zu decken. Meine Schwester und ich befinden uns dies-
bezüglich in einem Interessenkonflikt. Sie, die nach dem Tod
meines Vaters bereits geerbt hat und abgefunden wurde,
kümmert es nicht, wenn das Haus für die Heimkosten drauf-
geht, weil ihr ja nichts mehr entgeht. Ich allerdings schaue
dann in die Röhre. Zwar war ich als Universalerbin vorgesehen, aber was nützt mir das, wenn am Ende kein Erbe mehr
da ist?*«

Nachdem im vorigen Abschnitt die allgemeine Problema-
tik der Pflege durch Familienangehörige geschildert wurde,
soll im Folgenden auf eine besonders schwere, aber auch
häufige Form der Pflegebedürftigkeit eingegangen werden:
die Altersdemenz.

2. Altersdemenz in der Familie[8]

Was ist Demenz?

Eine der bekanntesten Demenzerkrankungen (*lat.* demens: ohne Geist sein, »verwirrt«) ist die von Alois Alzheimer entdeckte und nach ihm benannte, über Jahre fortschreitende Erkrankung des Gehirns, die vorwiegend im Alter auftritt und mit einer Abnahme von Hirnfunktionen einhergeht. Fachleute bezeichnen eine Demenz als den *»Untergang von Nervenzellen und Nervenzellverbindungen«*. Die Krankheit beginnt mit geringer, anscheinend zufälliger Vergesslichkeit, danach gehen Intelligenz, Merkfähigkeit, Gedächtnis und weitere geistige Fähigkeiten verloren. Schließlich kommt es zu einem geistigen Verfall der gesamten Persönlichkeit. Im Anfangsstadium ist die Krankheit schwer von der normalen Vergesslichkeit abzugrenzen.

Voraussetzung für den richtigen Umgang mit einem Demenzerkrankten ist die Kenntnis über dessen momentanen geistig-seelischen Zustand. Mediziner unterscheiden verschiedene Stadien der Demenzerkrankung[9]:

Im *ersten Stadium* einer Demenzerkrankung stehen meist harmlose Vergesslichkeiten. Von der Krankheit sind vor allem Nervenzellen in dem Gehirnbereich betroffen, der für das Einprägen und Erinnern von Gedächtnisinhalten wichtig ist. Gedächtnisausfälle stehen daher häufig am Anfang von Demenzerkrankungen: Der Betroffene steht im Supermarkt und weiß plötzlich nicht mehr, was er kaufen wollte. Dinge gehen verloren und tauchen an den unmöglichsten Stellen wieder auf.

Für Außenstehende sind diese Fehlfunktionen oft schwer erkennbar, da der Demenzerkrankte besondere Fähigkeiten entwickelt, diese neurologischen Ausfälle zu kompensieren. In seinem Buch »*Der Mann, der seine Frau mit einem Hut ver-*

wechselte«[10] schildert der Neuropsychologe Oliver Sacks anhand von 24 Fallbeispielen, wozu das menschliche Gehirn fähig ist und wie schnell die »Realität« im Alltag der Erkrankten verlorengeht.

Im *zweiten Stadium* kommen Orientierungsprobleme hinzu, Betroffene finden z. B. nicht mehr nach Hause. Es treten Sprachschwierigkeiten (Wortfindungsstörungen) auf, und das Urteilsvermögen ist stark beeinträchtigt, das Gehirn beginnt, drastisch abzubauen. Der Betroffene spürt das durchaus selbst und reagiert mit Unruhe, Angst und Aggressionen. Häufig entwickeln die Betroffenen auch eine Depression.

Im *dritten Stadium*, das man auch als *Abschied vom Ich* bezeichnen könnte, treten *Verhaltensänderungen und Persönlichkeitsstörungen* bis hin zu *Wahnvorstellungen* auf. Betroffene erkennen ihre Umgebung, ihre eigene Wohnung und selbst den Partner oder die eigenen Kinder nicht mehr. Sie wollen mit ihren längst verstorbenen Eltern sprechen oder sie besuchen. Sie verlassen nachts im Nachthemd die Wohnung und irren auf der Straße umher. Sie laufen oft weg und wissen nicht, wohin, oder sie suchen eine Heimat, ein Zuhause, das es nicht mehr gibt.

Verschlimmert sich die Erkrankung, werden die Patienten inkontinent und können nicht mehr allein essen. Sie werden umfassend pflegebedürftig und brauchen kontinuierliche Aufsicht. Dieses Stadium kann Jahre dauern: Die Patienten haben die Intelligenz eines Neugeborenen erreicht, können nicht mehr sprechen. Die Übergänge der drei Stadien sind fließend.

Demenz ist nicht heilbar, aber durch eine frühzeitige Gabe von Medikamenten (Antidementiva) kann ihr Fortschreiten für eine gewisse Zeit aufgehalten und die Lebensqualität erhalten werden. Das muss durch eine gezielte Förderung der noch verbliebenen Fähigkeiten unterstützt werden.

Erinnerungen sind Teil unserer Identität – in diese Identität greift die Demenzerkrankung ein. Die Demenzerkrankung verändert nicht nur die Persönlichkeit des Betroffenen, sie verändert seine sozialen Beziehungen, sein Leben in der Gemeinschaft und das Leben all derer, die mit ihm verbunden sind.

Der Umgang mit demenzerkrankten Eltern und ihre Pflege in der Familie

Wenn Sie glauben, dass Ihre Mutter oder Ihr Vater an einer Demenz erkrankt sein könnte, suchen Sie mit ihr/ihm möglichst bald den Hausarzt auf, und teilen Sie Ihren Verdacht mit. Zur Abklärung der Diagnose sollte prinzipiell ein Neurologe zurate gezogen werden.

Um im Sinne Ihrer Eltern handeln zu können, sollten Sie sich von ihnen eine *Vollmacht* unterschreiben lassen, bevor sie aufgrund der fortschreitenden Krankheit dazu nicht mehr in der Lage sind. Nach dem Umfang und Inhalt der Bevollmächtigung werden folgende Formen der Vollmacht unterschieden:

- die Bankvollmacht,
- die Vorsorgevollmacht,
- die Patientenverfügung,
- die Betreuungsverfügung,
- die Generalvollmacht.

Die Bankvollmacht
Die Bankvollmacht ermöglicht es dem Bevollmächtigten, im Namen des Vollmachtgebers Bankgeschäfte vorzunehmen.

Die Vorsorgevollmacht

Mit einer Vorsorgevollmacht werden eine oder mehrere Personen des Vertrauens zu Vertretern in persönlichen Angelegenheiten ernannt. Die Befugnisse definiert der Verfasser der Vollmacht. Er kann einen Vertrauten beispielsweise mit der Regelung finanzieller Angelegenheiten beauftragen oder zu seinem Fürsprecher in medizinischen Fragen machen. Damit kann die Vollmacht eine Patientenverfügung absichern.

Die Patientenverfügung

Lebensverlängernde Maßnahmen, künstliche Ernährung, riskante Operationen – grundsätzlich bedürfen medizinische Behandlungen der Zustimmung des Patienten. In einer Patientenverfügung können für den Fall, dass man sich nicht äußern kann, Anweisungen für die Ärzte festgelegt werden.

Die Betreuungsverfügung

Wer aufgrund von psychischer Krankheit oder Behinderung nicht mehr in der Lage ist, seine Angelegenheiten selbstständig zu regeln, erhält vom Vormundschaftsgericht einen oder mehrere gesetzliche Vertreter, die im Amtsdeutsch »Betreuer« genannt werden. Mit einer Betreuungsverfügung kann vorsorglich auf die Wahl dieser Personen Einfluss genommen werden. Anderenfalls wählt das Gericht einen Betreuer aus, der vollkommen fremd sein kann. Wer allerdings bereits eine umfassende Vorsorgevollmacht ausgestellt hat, braucht in der Regel keine Betreuungsverfügung mehr. Eigentlich sollen »Betreuer« gegen Bezahlung Menschen, die sich selber nicht helfen können, zur Seite stehen und über das Vermögen sowie die Gesundheit ihrer Schützlinge wachen. Leider aber kommt es immer wieder vor, dass Betreuer ihre Funktion missbrauchen, um sich zu bereichern.

Die Generalvollmacht

Soll eine einzige Person mit allen Aufgaben betraut werden, die sonst in Patientenverfügung, Betreuungsverfügung und Vorsorgevollmacht getrennt sind, so kann eine Generalvollmacht erteilt werden.

Alle Formen der Vollmacht bedürfen der Schriftform. Sie sollten sich von einem Anwalt oder Notar beraten lassen, der auch – mit Ausnahme der Bankvollmacht – die entsprechende Urkunde ausstellt.

(Weitere Informationen erhalten Sie über die Adressen »Juristische Beratung zu Vollmachten, Patientenverfügung und Betreuungsverfügung« im Anhang.)

Mit der erteilten Vollmacht erwerben Sie das Recht, im Namen und im Interesse Ihrer hilfebedürftigen Eltern zu handeln. Der Rollentausch zwischen Kindern und Eltern ist damit auch juristisch vollzogen.

Es stellt sich nun die Frage, was Sie für Ihre Eltern tun können. Im Fall der Demenz müssen Sie sich darüber im Klaren sein, dass es ein langer Abschied von Ihren Eltern wird.

Im *Anfangsstadium* ist z. B. Ihre Mutter noch in der Lage, ihren Haushalt zu führen, aber die Ausfallerscheinungen nehmen zu. Es genügt, wenn Sie einmal am Tag nach dem Rechten sehen. Am wichtigsten ist es, dass Sie Verständnis für sie zeigen.

Sie werden auch die Beobachtung machen, dass es »gute« Tage gibt, an denen das Bewusstsein weniger stark eingeschränkt ist, und »schlechte« Tage mit großer Verwirrung.

In klaren Momenten erkennen die Demenzpatienten den Verlust der eigenen Geschichte, ihrer sprachlichen Ausdrucksmöglichkeiten und ihrer Orientierungsfähigkeit. Das macht ihnen Angst und führt oft zu Aggressionen oder Depressionen.

- Reagieren Sie gelassen auf Gefühlsausbrüche und persönliche Angriffe.
- Geben Sie positive emotionale Zuwendung (freundliche Worte, Streicheln, Umarmen).
- Diskutieren Sie nicht und überhören Sie etwaige Anschuldigungen.
- Sprechen Sie langsam. Geben Sie kurze, klare Anweisungen und wiederholen Sie diese.
- Lassen Sie Ihre Eltern die alltäglichen Verrichtungen tun, die sie noch tun können, und loben Sie sie, auch wenn es nicht perfekt erledigt wurde.
- Wenn die Motorik es zulässt, machen Sie Ausflüge und Kurzurlaube.
- Sehen Sie sich zusammen alte Fotoalben und persönliche Filme an.
- Fördern Sie den Umgang mit Kindern und Tieren.

Im *fortgeschrittenen Stadium* ist eine Rundum-Betreuung erforderlich. Das Hauptproblem und die größte Herausforderung für den Pflegenden ist in diesem Stadium der Wegfall der Sprache als Kommunikationsmittel. Doch das Gefühl bleibt ansprechbar, auch wenn Worte den Patienten nicht mehr erreichen.

Eine Angehörige erzählt:
»Meine Mutter weiß schon seit einiger Zeit nicht mehr, wer sie ist. Sie hält sich für ihre Freundin und wippt stundenlang mit dem Körper in ihrem Sessel hin und her. Dabei murmelt sie ohne Unterbrechung einen einzigen Satz: ›Ich bin Hilde.‹ Für ihre Umwelt hat sie keinen Blick. Zunächst habe ich immer versucht, ihr klarzumachen, dass Hilde ihre Freundin war, die schon lange tot ist. Das hat sie anschließend total durcheinandergebracht und traurig gemacht. Heute spiele ich das Spiel mit, und wenn sie sagt, sie sei

Hilde, dann ist sie es für mich auch. Heute gehe ich auf sie ein, wie sie heute ist, und sage dann oft: ›Na, Hildchen, hast du Langeweile? Sollen wir nicht gemeinsam ein schönes Spiel machen?‹ Dann schaut Mutter mich an, fährt aber mit dem Wippen fort. Sie ist schon sehr dement und sitzt ganz oft so da. Sie lebt in ihrer eigenen Welt, in der meine Worte sie nicht mehr erreichen. Ich komme an sie nicht mehr heran, und dieser Verlust macht mich unendlich traurig.«

Ein Mensch mit Demenz verhält sich in einer uns oftmals unverständlichen Weise. Wir würden gerne mit ihm in Kontakt treten, ihm vielleicht etwas Gutes tun, aber wir wissen nicht, wie dies geschehen könnte. Unsere Versuche, diesen Menschen anzusprechen, scheitern. Wir finden keinen Zugang zu ihm. Er scheint in einer anderen Welt zu sein.

Im Laufe der Erkrankung geht die Sprache immer mehr verloren und endet schließlich in der Bedeutungslosigkeit. Gleichzeitig aber treten andere Elemente der Sprache, die nicht kognitiv erfasst werden, in den Vordergrund, z. B. die Klangfarbe, die Betonung, der Sprachrhythmus oder die individuelle Sprachmelodie. Wollen wir einen Zugang zum Erkrankten schaffen, müssen wir uns auf diese »Kommunikationsreste« einlassen. Oft werden Angehörige durch Scham daran gehindert, sich auf die Ebene des Erkrankten zu begeben.

Wollen wir eine Brücke oder Verständigungsbasis schaffen, müssen wir genau beobachten. Dann kann eine Aussage wie »*Mutter schreit den ganzen Tag!*« Hinweis auf ein vielschichtiges Geschehen sein. Es kann bedeuten, dass das Schreien nicht einfach Schreien ist, sondern vielleicht eine Unmutsäußerung oder auch Ausdruck von Freude. Wie bei einem Baby muss am Klang der Stimme herausgehört werden, ob es sich um einen Hilferuf oder um den Versuch zur Kontaktaufnahme handelt oder ob es ein Signal dafür ist, dass der Erkrankte sich bemerkbar machen will. Wer das beherrscht, dem eröffnen sich Möglichkeiten der Kommunikation und Zugangswege zum Erkrankten. Es geht um Beobachten und Einfühlen, um eine gemeinsame Ebene und einen Zugang zum Erkrankten zu finden.

Die Zugangswege zu Menschen mit Demenz sind vielfältig. Stärker als andere Menschen sind sie offen für sinnliche Erfahrungs- und Kommunikationsebenen. Musik stellt einen der nachhaltigsten Zugangswege dar. Fast jeder Mensch ist emotional empfänglich für Musik. Bei vielen demenziell veränderten Personen, die auf andere Ansprache nicht mehr reagieren, kann Musik das Herz zum Schwingen bringen, Wohlbefinden und Interesse an der Umgebung hervorrufen. Diese »Kraft der Musik« kann auch in der häuslichen Pflege genutzt werden. Als pflegender Angehöriger kann ich herausfinden, welche Musik der erkrankte Angehörige besonders liebt, und dafür sorgen, dass er sie auch hören kann. Vor allem aber kann ich selber singen und den anderen damit anstiften, es mir gleichzutun. Dies ist keine Frage von »guter« oder »schlechter« Stimme, sondern eine Frage des Zugangs zu dem Menschen mit Demenz und meiner Bereitschaft, mit ihm auf seiner Kommunikationsebene in eine Begegnung einzutreten.

Wenn ein dementer älterer Mensch vielleicht kaum oder gar kein Wort mehr spricht, ist ein Hund oder eine Katze oftmals in der Lage, Herz und Lippen zu öffnen und ein Lächeln sowie konzentrierte Aufmerksamkeit zu erzeugen. Ein Grund mag darin liegen, dass Tiere, anders als Menschen, ihr Gegenüber ohne Vorurteile und Etikettierungen anerkennen und ihre Kommunikation nicht auf sprachlich-kognitiver, sondern auf sinnlich-intuitiver

Ebene erfolgt. Oft ist die Kommunikation mit einem Tier der Schlüssel zu einer Kommunikation auch mit Menschen. Was heißt das aber für demenziell veränderte Menschen, die ambulant betreut werden und kein eigenes Haustier besitzen? Im Einzelfall könnte überlegt werden, ob die Anschaffung eines Tieres, beispielsweise eines Vogels, sinnvoll wäre. Gute Erfahrungen wurden auch mit Hunden gemacht, die eine Pflegekraft auf ihrer Tour begleiten. Und schließlich könnten auch regelmäßige Termine mit einem Hundebesuchsdienst[11] angeregt und vermittelt werden.

Für Angehörige, die einen Demenzerkrankten zu Hause pflegen, ist es wichtig, seine Sprache zu lernen. Das stellt an Pflegende hohe Anforderungen. Im Prinzip muss eine ganz neue Sprache erlernt werden. Im Mittelpunkt all dessen muss das Bemühen stehen, Brücken zur Welt von Menschen mit Demenz zu bauen. Kreative, körper- und sinnesbezogene Kommunikations- und Interaktionsformen sind die wichtigsten Bausteine dieser Brücken: Singen, Lachen, Gestalten, Tanzen, Streicheln, Essen zelebrieren und Feste feiern sind zentrale Interaktions- und Handlungsformen. Hierzu können auch religiöse Rituale gehören.

Zwar werden religiöse Überzeugungen und Inhalte vergessen, da der Intellekt allmählich durch die Erkrankung zerstört wird. Doch es bleiben noch lange Gefühle erhalten, die von religiösen Ritualen ausgelöst wurden. Demente Menschen freuen sich beispielsweise an Orgel- oder Chormusik. Über diese Brücke ist noch lange ein Zugang zum Erkrankten möglich. Man kann mit Demenzerkrankten z. B. zum Gottesdienst gehen, sie den Gottesdienst am Fernseher anschauen lassen oder mit ihnen beispielsweise »Marienlieder« singen, die sie früher so gern gehört und gesungen haben.

Seelsorger berichten, dass demente Menschen in Andachten beim Hören von Liedern und Texten, die seit Kindertagen bekannt sind, über einen weit längeren Zeitraum als sonst ruhig und konzentriert waren. Das Gefühl bleibt ansprechbar, auch wenn schließlich alle Worte ins Leere gehen. Dazu ein Beispiel:

> Martin, 61:
> »Mein Vater war immer ein frommer, gottesfürchtiger Mann, der jeden Sonntag die Heilige Messe besuchte. Für ihn war der Glaube zentral in seinem Leben verankert. Seitdem er immer weiter in die Demenz abgleitet, weiß er natürlich nicht mehr, was das alles bedeutet. Aber erstaunlich ist, wenn wir ihn gelegentlich mit in die Kirche nehmen und die Orgel ertönt, faltet er unaufgefordert seine Hände. Offensichtlich ›erfühlt‹ er dann, wo er sich befindet.«

Angehörigen kann Gottvertrauen dabei helfen, die Dunkelheit, die den Erkrankten umgibt, auszuhalten. Grundsätzlich gilt: Bei allem, was Sie tun, geht es nicht darum, dem Demenzerkrankten die reale Welt wieder zugänglich zu machen, sondern ihm ein Gefühl von Beständigkeit und Geborgenheit zu geben, indem Sie an seine alten Gewohnheiten anknüpfen und ihm dadurch seine Ängste nehmen.

Demenz aus der Sicht der Angehörigen

Es ist ein schmerzlicher Prozess, wenn Kinder erkennen müssen, dass Eltern unzurechnungsfähig werden, dass man sie »bevormunden« und ihnen sagen muss, was gut und richtig ist und wie es gemacht wird. Obwohl sie nicht mehr allein für sich entscheiden und Verantwortung für sich übernehmen können, nimmt man ihnen irgendwie auch einen Teil ihrer Würde und Selbstbestimmung, was ein chronisch schlechtes Gewissen auslöst.

Vor allem gestaltet es sich schwierig, den richtigen Zeitpunkt für ein Eingreifen zu erkennen, weil die Eltern oft phasenweise durchaus lichte Momente haben und ganz vernünftig reden. Das erschwert es Kindern, initiativ zu werden, und aus Angst, etwas falsch zu machen, lassen Kinder Entwicklungen oft schleifen bis zur Verwahrlosung, durch die auch optisch erkennbar wird, dass die Eltern überfordert sind und Hilfe brauchen. Und selbst, wenn man erkennt, dass demente Eltern unvernünftige Dinge tun, evtl. sogar Schulden machen und sich selbst gefährden, indem sie jeden zu sich in die Wohnung lassen, fällt es Kindern schwer, den eigenen Eltern das Recht auf Selbstbestimmung einzuschränken und eine Betreuung zu beantragen. Darum wird zunächst in aller Regel versucht, die Eltern, solange es geht, in ihrer Wohnung oder im Haus der Kinder hauptsächlich durch ein Familienmitglied – meist ist es die Tochter oder Schwiegertochter – zu betreuen.

Die Demenz eines Familienangehörigen wird aus der Sicht pflegender Angehöriger als überwiegend belastend beschrieben. »Sie werden als zweite oder als versteckte Opfer der Erkrankung bezeichnet.«[12]

Iris, 38:
»Meine Mutter ist erst 62 und hat vieles vergessen, auch die Namen ihrer Kinder. Mit 62 Jahren – sie war gerade in Rente gegangen – ist sie ungewöhnlich früh an Alzheimer erkrankt. Seitdem verschlechtert sich ihr Zustand dramatisch schnell. Jeden Tag muss man ihr neu erklären, was eine Zahnbürste ist und was man damit macht. Wir, die betreuenden Kinder, finden bei ihr das Brot im Schuhschrank und Käse im Backofen, und immer häufiger leidet Mutter an Brech-Durchfall,

weil sie verdorbene, verschimmelte Nahrungsmittel isst. Das war der Zeitpunkt, zu dem wir entschieden: Sie kann nicht mehr allein leben. Ich nahm sie bei uns auf, weil ich am meisten Platz hatte, konnte mir aber gar nicht vorstellen, worauf ich mich damit eingelassen habe. Die Demenzerkrankung meiner Mutter bringt unser ganzes Familienleben aus dem Gleichgewicht. Immer leben wir auf dem Sprung, um das Schlimmste zu verhindern. Es ist ein aufreibendes Leben, und wir wissen nicht, wie lange diese Extrembelastung unser Leben bestimmen wird.«

Die Diagnose »Demenz« wirkt auf die Angehörigen oft erdrückend und lähmend. Besonders durch die überwiegend negative Darstellung des Krankheitsverlaufs in Informationsmaterialien wird die Demenz als eine Katastrophe empfunden, bei der es keine Hoffnung gibt. Schmerz und Trauer stehen zu Beginn der Demenz bei den Angehörigen im Vordergrund. Im Verlauf der Krankheit spielen weitere Emotionen wie Angst, Scham, Schuldgefühle, Ekel und Aggressionen eine Rolle.

Zudem verändert sich der demente Mensch während der Krankheit, und dieser Veränderungsprozess ist von Verlusten geprägt. Der Erkrankte ist nicht mehr so, wie man ihn kannte. Das führt dazu, dass sich das familiäre Rollengefüge ändert. Der demente Elternteil wird zunehmend hilfloser und abhängiger und gerät auf eine Kleinkinderebene.[12]

Durch die Erkrankung der Eltern können sich aber auch Beziehungen verbessern, wie der Fall von Christa, 38, zeigt:

»Durch die Demenzerkrankung meines Vaters entspannte sich das Verhältnis zwischen ihm und mir. Früher war mein Vater cholerisch. Ich hatte immer Angst vor ihm. Durch die Krankheit ist er milder geworden. Wenn ich sehe, wie er ge-

gen das Älterwerden kämpft, berührt mich das sehr, und ich
kann das erste Mal seit langem liebevolle Gefühle für ihn
empfinden.«

Die Demenzerkrankung hat Auswirkungen auf das gesamte
Familienleben. Besonders pflegende Angehörige entwickeln
gegenüber anderen Familienmitgliedern (Ehepartnern, Kindern) Schuldgefühle, da ihnen weniger Zeit zur Verfügung
steht, sich um sie zu kümmern, und diese sich vernachläs-
sigt fühlen.[12]

Töchter und Schwiegertöchter leiden unter der Mehr-
fachbelastung: Beruf, Haushalt, Familie, Pflege. Oft sind sie
sogar bereit, unter dieser Belastung ihren Beruf – wie sie
meinen: vorübergehend – zu opfern.

Pflegende Angehörige Demenzerkrankter müssen massive Einschränkungen in Bezug auf ihre Lebens- und Frei-
zeitgestaltung hinnehmen. Die Pflege erfordert eine permanente Anpassung an die sich ändernden Bedürfnisse des
Erkrankten und beansprucht sehr viel Zeit, wodurch das
soziale Leben betroffener Angehöriger stark eingeschränkt
wird. Dadurch geraten sie in Isolation, leiden unter Ein-
samkeit und dem Verlust von Freunden und Hobbys. Die
Rückstellung der eigenen Bedürfnisse und das Unverständnis der Umwelt können bei Angehörigen zu einer emotionalen Überforderung führen, die sich in Form von Aggression, Wut und Verzweiflung äußern kann.

Mit der Diagnose »Demenz« kommen nicht nur auf den
oder die Betroffene, sondern auch auf die Angehörigen
große Belastungen zu. Nicht ohne Grund wird in Verbindung mit einer Demenz oft von einer »Familienkrankheit«
gesprochen, denn die gesamte Familie ist gefordert hinsichtlich des Verständnisses, des Einfühlungsvermögens
und der pflegerischen Kompetenz.

»Familienkrankheit« kann durchaus wörtlich verstanden werden, denn mit der hohen Belastung steigt das Erkrankungsrisiko der pflegenden Angehörigen.[12]

Was es auf lange Jahre bedeuten kann, alte Eltern bei sich aufzunehmen und das eigene Leben deren Bedürfnissen unterzuordnen, mag das folgende authentische Fallbeispiel deutlich machen:

Gabriele, 53:
»*Keiner hat eine blasse Ahnung davon, was es für eine Familie bedeutet, einen Alzheimer-Patienten über Jahre rund um die Uhr zu betreuen. Wir haben meine demente Schwiegermutter schon seit fünf Jahren bei uns in Pflege. Seitdem hat sich bei uns alles geändert, unsere familiäre Gemütlichkeit ist dahin, Feste feiern oder Urlaub machen – Fehlanzeige. Auch unsere einstigen Freunde haben sich zurückgezogen.*

Meine Schwiegermutter ist nicht nur ›nachtaktiv‹, sondern wird sich inzwischen immer mehr selbst zur Gefahr. Es ist schlimmer, als ein kleines Kind zu beaufsichtigen. Wir haben unser Haus zu einem Hochsicherheitsgebäude umfunktioniert, überall Bewegungsmelder eingebaut, damit wir mitbekommen, wenn Oma wieder mal abhaut. Nachdem wir sie mehrfach bei der Polizei abholen mussten, weil sie irgendwo aufgegriffen wurde, haben wir in der Familie einen ›Nachtdienst‹ eingeteilt. Wer dran ist, muss jedes Mal, wenn die Bewegungsmelder anspringen, raus aus dem Bett und ›Oma einfangen‹. Und niemand kann uns sagen, wie lange das noch so gehen kann. Kurzzeit- oder Tagespflege, gut und schön, die können wir uns leider nicht leisten und auch keine Heimunterbringung, weil wir dann monatliche Zuzahlungen leisten müssten, die vom Gehalt meines allein verdienenden Mannes nicht aufzubringen sind. Und unser Haus mit einer Hypothek belasten wollen wir auch nicht. Also wird das Elend, bei dem unser ganzes Familienleben auf der Strecke bleibt, weitergehen.«

Trotz der hohen Belastung werden von pflegenden Angehörigen nur ungern Hilfs- und Entlastungsmöglichkeiten
von außen angenommen (z. B. ambulante Pflegedienste
oder Tagespflegeeinrichtungen), weil von vielen Hilfe von
außen als Eingeständnis eigenen Versagens wahrgenommen wird. Oft wird erst dann Hilfe zugelassen und über
eine Heimunterbringung eines dementen Familienangehörigen nachgedacht, wenn Angehörige völlig überfordert
sind, und das auch oft nur unter heftigen Schuldgefühlen,
versagt zu haben.[12]

(S. Seite 128: »Die Angst vor dem Heim und das schlechte
Gewissen der Kinder«.)

Die Betreuung eines demenzerkrankten Familienmit-
gliedes erfordert einen enormen körperlichen, seelischen
und zeitlichen Kraftaufwand und ist nur zu leisten, wenn
dieser auf mehrere Schultern verteilt werden kann. Es ist
gut zu überlegen, wer die Hauptbetreuung und Pflege übernehmen kann und wer für welche Aufgaben zuständig ist.
Entscheiden Sie sich für eine häusliche Pflege, sollten deshalb ambulante Pflegedienste und *teilstationäre Betreuung*
mit in Erwägung gezogen werden.

Schaffen Sie sich Freiräume und Auszeiten, um die notwendige Kraft und Energie zu schöpfen. Sie dürfen nicht
nur, Sie müssen auch an sich denken!

Da die meisten Menschen inzwischen sehr alt werden,
befinden sich deren Kinder, wenn die Betreuungssituation
für die eigenen Eltern eintritt, selbst in einer Lebensphase,
in der sie oft krank, eingeschränkt und nur noch wenig be-
lastbar sind. Infolgedessen ist dann der Zeitpunkt erreicht,
an dem das unausweichliche Schicksal der alten Eltern oft
»*Altenpflegeheim*« lautet.

Die Angehörigen eines demenzkranken Menschen brauchen Schutz und Unterstützung, damit ihr Lebensgebäude
nicht völlig in sich zusammenfällt.

3. Der Kampf um die Pflegestufe

Wer im Alltag auf Hilfe angewiesen ist, hat Anspruch auf Leistungen aus den Töpfen der Pflegeversicherung – allerdings nur, wenn er als pflegebedürftig eingestuft wird. Die Leistungen zu einer häuslichen oder stationären Pflege werden nur auf Antrag gewährleistet. Begutachtet wird durch den Medizinischen Dienst der Krankenversicherung (MDK). Dieser stellt nach einer so genannten Plausibilitätsprüfung die Pflegebedürftigkeit und den speziellen Grad (Pflegestufe) fest.

Der Begriff der Pflegebedürftigkeit ist in § 14 Pflegeversicherungsgesetz (SGB XI = Sozialgesetzbuch, Buch XI) definiert. Demnach sind jene Menschen pflegebedürftig, die *»wegen einer körperlichen, geistigen oder seelischen Krankheit oder Behinderung für die gewöhnlichen und regelmäßig wiederkehrenden Verrichtungen im Ablauf des täglichen Lebens«* der Hilfe bedürfen. Dieser Zustand muss mindestens 6 Monate andauern, d. h. man hat erst nach 6 Monaten Anspruch auf die Leistungen der Pflegeversicherung.

Es werden drei Pflegestufen unterschieden, die Einordnung erfolgt, gemessen an dem Hilfebedarf, in zwei Kategorien:

1. *Hilfebedarf bei Verrichtungen in den Bereichen Körperpflege* (Waschen, Duschen, Baden, Zahnpflege, Kämmen, Rasieren, Hilfe bei Blasen- und Darmentleerung), *Ernährung und Mobilität* – die sogenannte *Grundpflege.*

2. *Hilfebedarf in Bereichen der hauswirtschaftlichen Versorgung* (Einkaufen, Kochen, Reinigen der Wohnung, Spülen, Wechseln und Waschen der Wäsche und Kleidung oder das Beheizen).

Zusammengenommen ergeben beide Kategorien den »Pflegeaufwand«. Für die Einordnung in eine Pflegestufe sind der erforderliche Zeitaufwand für den Pflegeaufwand insgesamt und die Grundpflege insbesondere maßgeblich:

	Stufe I	Stufe II	Stufe III
Pflegeaufwand	mind. 90 Min./Tag	mind. 180 Min./Tag	mind. 300 Min./Tag
Grundpflege	mind. 46 Min./Tag	mind. 120 Min./Tag	mind. 240 Min./Tag
Pflege	1 x täglich	3 x täglich	ständig

Zurzeit (Anfang 2008) gelten folgende Vergütungssätze je Pflegestufe:

	Stufe I	Stufe II	Stufe III
Sachleistung	384 Euro	921 Euro	1432 Euro
Geldleistung	205 Euro	410 Euro	665 Euro
Stationäre Pflege	1023 Euro	1279 Euro	1432 Euro

Quelle: SGB XI – Begutachtungsrichtlinien der Spitzenverbände der Krankenkassen

Der langwierige Weg vom Antrag bis zur Anerkennung des Pflegebedarfs ist für Betroffene und Angehörige oft mit Fragen und Unsicherheiten verbunden. Hilfreich kann da der Ratgeber *»Das Pflegegutachten«*[13] der Verbraucherzentrale sein, der den Weg durch den Verfahrensdschungel zeigt. Darin finden Sie die Beantwortung folgender Fragen:

- Welche Voraussetzungen müssen erfüllt sein, um einen Anspruch auf Pflegeleistungen zu rechtfertigen?
- Wie und wo ist der Antrag zu stellen?
- Mit welchen Wartezeiten ist zu rechnen?
- Welche Hilfeleistungen gibt es überhaupt?

Diese und weitere Fragen beantwortet der Leitfaden *»Das Pflegegutachten«* in übersichtlicher und leicht verständlicher Weise. Voraussetzung zur Anerkennung einer Pflegestufe ist die Begutachtung des Pflegebedürftigen durch den Medizinischen Dienst der Krankenversicherung (MDK). Die Broschüre zeigt, worauf der Gutachter des Medizinischen Dienstes bei seinem Besuch ein Auge hat, mit welchen Fragen zu rechnen ist und welche Feinheiten bei den Antworten manchmal darüber entscheiden, ob und in welchem Umfang Pflegeleistungen befürwortet werden. Auch wenn die Beurteilung falsch ausfällt und ein Widerspruch gegen den Pflegebescheid ansteht, hilft ein Blick in den Ratgeber Schritt für Schritt weiter.

Ergänzend zur Broschüre gibt es außerdem das *»Pflegetagebuch«*. Zwei Wochen lang sollte der Antragsteller hier alle nötigen Hilfeleistungen sorgfältig notieren. Die Eintragungen liefern nicht nur dem Gutachter wichtige Informationen über die Probleme des Pflegebedürftigen, das Tagebuch kann auch hohe Beweiskraft haben, wenn es im Fall eines Widerspruchs zu einer gerichtlichen Auseinandersetzung kommt.

Den Ratgeber *»Das Pflegegutachten«* gibt es mit dem *»Pflegetagebuch«* zusammen in den Beratungsstellen der Verbraucherzentralen (Adressen s. Anhang).

Wie der Umgang mit dem MDK im Einzelfall aussehen kann, das machen nachfolgende Beispiele deutlich:

An guten Tagen sieht man Hedwig, 85, ihre Krankheiten nicht an. Dann sieht man nicht, dass sie täglich Tabletten nehmen muss, um laufen zu können, dass sie selbst nicht in der Lage ist, sich zu waschen, zu pflegen und zu kämmen, dass ihre Schwiegertochter jeden Morgen kommt, um alltägliche Dinge für die 85-Jährige zu erledigen. An guten Tagen gelingt es der alten Frau, noch vieles mit ihrem linken Arm zu erledigen. Ihren rechten Arm kann sie nicht mehr gebrauchen. An schlechten Tagen kann sie gar nichts machen. Sie ist auf Pflege angewiesen. Doch das zu beweisen ist ein harter Kampf.

Ein Gutachter des Medizinischen Dienstes der Krankenversicherung (MDK) untersucht Hedwig. Er stuft die Bedürftigkeit in eine von drei Pflegestufen ein. Die Anforderungen für die erste Stufe sehen so aus: 90 Minuten Hilfsbedürftigkeit am Tag, dazu gehören mindestens 45 Minuten Grundpflege. Bei Hedwig kommt der Gutachter zu dem Ergebnis, dass knapp 30 Minuten ausreichen, um die Frau zu pflegen. 30 Minuten, die also nicht für eine Pflegestufe reichen.

Für Hedwig ist das nicht nachvollziehbar. Nur im Dauerlauf ist es ihrer Meinung nach vielleicht in dieser Zeit zu schaffen, sie zu versorgen. Sie will das Gutachten nicht akzeptieren. Ihr geht es nicht nur um sich selbst, sondern auch um ihre Schwiegertochter, die bisher aufopfernd die Pflege übernommen hat. Also wagt Hedwig noch einen Versuch. Sie wendet sich an die *SEBIS GmbH*[14], einen *Pflegeberatungsdienst*, der sich für Patienten einsetzt, sie berät und gegebenenfalls ein Gegengutachten erstellt.

Das erneute Gutachten bringt der alten Frau die ersehnte Nachricht: Sie erhält die Pflegestufe I. Pflegeexperten wissen, dass sich in den meisten Fällen ein Widerspruch lohnt. Jeder dritte Widerspruch auf dem ambulanten Sektor ist erfolgreich. In den stationären Einrichtungen hat immerhin jeder zweite Widerspruch zum Erfolg geführt. Daraus lässt sich ableiten, dass ein Widerspruch grundsätzlich eingelegt werden sollte. Doch nicht immer ist ein Kampf um Pflege erfolgreich.

Gertrud, 64:

»*Mein Mann hatte zwei Schlaganfälle. Seitdem ist er hilflos und in jeder Hinsicht auf mich angewiesen. Ich kümmere mich um ihn, weil er selbst dazu nicht in der Lage ist. Ich muss ihm alles herrichten, allein ist er dazu nicht in der Lage.*

2003 wurden ihm Leistungen der Pflegestufe II bewilligt. Drei Jahre später wurden sie wieder aberkannt. Grund: Eine angeblich eingetretene Verbesserung des Gesundheitszustandes. Ich war verzweifelt und führte danach ein Pflegetagebuch. Daraus geht hervor, dass die tägliche Grundpflege mehr als 45 Minuten erfordert. Doch das wurde bis jetzt nicht anerkannt. Ein guter Anwalt riet mir, vor dem Landessozialgericht um unser Recht zu kämpfen. Die Grundlage für die Klage ist ein ärztliches Gutachten, das meinem pflegebedürftigen Mann eine tägliche Grundpflege von zwei Stunden täglich bestätigt.«

Margit, 46:

»*Ohne die kompetente Unterstützung unseres Hausarztes hätte ich den Kampf mit dem MDK um die Erteilung der Pflegestufe I für meine Mutter, die seit ca. acht Jahren an Alzheimer erkrankt ist, verloren.*

Die Pflegestufe I wurde durch den Medizinischen Dienst im vergangenen Jahr dreimal abgelehnt, obwohl meine Mutter im Pflegeheim Hilfe in der Hauswirtschaft und in der Grundpflege von weit mehr als je 45 Minuten benötigt und diese seit einem Jahr bereits erhält. Zudem wurde ihr durch die betreuende Neurologin eine Pflegebedürftigkeit attestiert. Entsprechende Untersuchungen der Uniklinik lagen vor.

Nur der Intervention des Hausarztes und den Gutachten einer Neurologin und einer Uniklinik ist es zu verdanken, dass mit kompetenter Argumentation dem Gutachter des MDK kein Spielraum für eine weitere Ablehnung blieb.«

Helga, 59:
»*Meine Mutter leidet an Leukämie, schwerem Rheuma und chronischen Schmerzen. Ich komme jeden Tag, um ihr zu helfen, ihren Alltag zu bewältigen und sie zu pflegen. Eigentlich wird meine Leistung auch von Pflegediensten angeboten. Doch um diese häusliche Pflege in Anspruch nehmen zu können, musste sich meine Mutter zunächst einem medizinischen Gutachten unterziehen. Ergebnis: keine Leistungen aus der Pflegeversicherung.*«

Wie die vorausgegangenen Fallbeispiele deutlich machen, muss mit dem MDK oft ein Kampf um die Anerkennung einer Pflegestufe geführt werden. Sie müssen wissen, dass die Ärzte des MDK Angestellte der Krankenkassen sind und in deren Interesse dafür sorgen müssen, dass die Kosten für die Kassen nicht überhandnehmen. Sie entscheiden nicht zum Wohle des Patienten, sondern zum Wohle ihrer Arbeitgeber, der Krankenkassen. Die Rechte Ihrer pflegebedürftigen Angehörigen müssen *Sie* durchsetzen. Dazu ist es ratsam, sich kompetenten Beistand zu organisieren. Es ist nachgewiesen, dass auch Widersprüche gegen die Ablehnung einer Pflegestufe unter Einbeziehung professioneller Pflegefachberater/-innen am Ende positiv beschieden wurden. Bei Rechtsfragen konsultieren Sie einen Rechtsanwalt, und in Pflegeangelegenheiten sollten Sie sich professionellen Rat von Sachverständigen einholen.

Der *SEBIS-Senioren- und Behinderten-Informationsservice* beispielsweise begleitet Sie von der Antragstellung bis zur Bewilligung einer Pflegestufe und hilft Ihnen darüber hinaus bei der optimalen Organisation Ihrer Pflege zu Hause.

Wie funktioniert das? Noch vor dem MDK-Besuch ermitteln und dokumentieren professionelle Pflegefachberater/-innen in einem eigenen Pflegegutachten Ihren Hilfebedarf. Doch nicht nur das: Auf Ihren Wunsch hin sind sie auch bei der Begutachtung durch den MDK unterstützend anwesend.

SEBIS-Pflegefachberater/-innen erstellen nicht nur ein wichtiges Pflegegutachten für Sie. SEBIS berät Sie in allen Fragen zur häuslichen Pflege mit dem Ziel, dass Sie bestmögliche Leistungen erhalten.

4. Das »Burnout-Syndrom«

Was ist das »Burnout-Syndrom«?

Beim »Burnout-Syndrom«[15] (*engl.* burn out: »ausbrennen«, »ausgebrannt sein«) handelt es sich um einen andauernden und schweren Erschöpfungszustand mit sowohl seelischen als auch körperlichen Beschwerden. Die Betroffenen fühlen sich erschöpft und leer, sie zweifeln am Sinn und Nutzen ihrer aufopfernden Arbeit und haben den Glauben an sich selbst verloren. Beim Burnout-Syndrom können erhebliche Konzentrations- und Gedächtnisstörungen auftreten. Besonders bedrückend ist der Verlust der persönlichen Wertschätzung sich selbst – und manchmal auch anderen – gegenüber.

Die genannten Beschwerden sind eine ernste Gesundheitsstörung. Beim »Burnout-Syndrom« kommen zu den seelischen Beschwerden weitere, körperliche Symptome hinzu: Je nach Veranlagung können diffuse, wechselnde Beschwerden wie Kopfschmerzen, Herz-Kreislauf-Beschwerden, Bluthochdruck, Schwindelsymptome oder Muskel- und Rückenschmerzen auftreten.

Grundsätzlich gerät ein Mensch immer dann in den Burnout-Zustand, also in einen totalen psychischen und körperlichen Erschöpfungszustand, wenn er sich permanent überfordert, seine Kraftreserven aufbraucht und dem

Körper keine Möglichkeit zur Erholung gibt. Häufig kommt
es dazu, wenn der Betroffene übermäßig engagiert und ehr-
geizig ist und sich ständig selbst unter Druck setzt. Als mög-
liche Risikofaktoren gelten Idealismus, Verantwortungs-
bewusstsein, Übereifer, Perfektionismus, Zwanghaftigkeit
sowie das Bestreben, alles selbst machen zu wollen.

Drei Voraussetzungen müssen gegeben sein[15]:

- Hohe Anforderung von außen
- Leistungsbereitschaft
- Nicht »nein« sagen können

Obwohl Burnout nahezu alle sozialen Gruppen treffen
kann[15], treten die genannten Störungen vor allem bei
Menschen auf, deren Tätigkeit ständig und ohne Unterbrechung eine helfende Haltung anderer Menschen gegenüber erfordert, z. B. bei Ärzten, Pflegekräften und Lehrern.
Sie reiben sich häufig für andere auf, können irgendwann
keine emotionalen Grenzen mehr zwischen Beruf und
Privatleben ziehen und stellen ihre eigenen Bedürfnisse oft
hintan. Diese ständige Anspannung geht an die Reserven,
Abschalten in der Freizeit funktioniert nicht (mehr).

Das Burnout-Syndrom bei pflegenden Angehörigen

Es ist bekannt, dass pflegende Angehörige nach wenigen
Jahren, ähnlich wie viele professionelle Pflegekräfte, unter
einem Burnout leiden. Häufig eskaliert dann die Pflege-
situation, sodass am Ende die Angehörigen gegenüber den
zu Pflegenden gewalttätig werden können (s. Seite 70:
»Gewalt in der häuslichen Pflege«).

In besonderem Maße von der Gefahr des Erschöpfungs-
syndroms betroffen sind Frauen, da sie in aller Regel neben

der Pflege der Eltern noch ihren Haushalt versorgen müssen und vielleicht noch berufstätig sind. Ein typisches Beispiel:

Hilde, 49:
»Seit Monaten leide ich unter Kopfschmerzen und Schlafstörungen. Ich bin ständig müde und fühle mich schlapp und kraftlos. Alles wächst mir über den Kopf: die Arbeit, der Haushalt, das Versorgen der Familie, die Pflege der kranken Schwiegermutter. Am liebsten würde ich mich einfach ins Bett legen und die Decke über den Kopf ziehen. Ich habe keine Energie mehr und verstehe gar nicht, warum ich Dinge, die mir sonst leicht von der Hand gingen, jetzt nur noch mühsam bewältigen kann.«

In zahlreichen Seminaren traf ich Betroffene, die bereits selbst im Rentenalter waren und unter gesundheitlichen Beeinträchtigungen zu leiden hatten. Sie fühlten sich durch die jahrelange selbstlose Pflege und Betreuung ihrer alten Eltern total ausgebrannt. Angesichts der Unvorhersehbarkeit des »Wie lange noch?« fragen sie sich: »Und wo bleibt mein eigenes Leben?«

Die Gefahr eines Burnout ist besonders groß, wenn Menschen bei ständigem hohen Einsatz nur wenige Erfolge der eigenen Arbeit sehen, aber auch dann, wenn es keine Anerkennung für den geleisteten Einsatz gibt. Ein solcher Dauerzustand des Zu-viel-Gebens und Zu-wenig-Bekommens liegt bei pflegenden Angehörigen eines Demenzkranken in der Natur der Sache. Aber auch bei Nicht-Demenzkranken wird einem die Arbeit »sauer«, wenn der Pflegebedürftige ständig nörgelt, fordert, zurückweist oder aggressiv wird.

Es gibt jedoch auch Faktoren für die Entstehung eines Burnout-Syndroms, die im Verhalten des jeweiligen pflegenden Menschen begründet sind. Ein besonders hohes Risiko für Burnout haben Personen, die bei der Arbeit besonders hohe Ansprüche an sich stellen, die zum Perfektionismus neigen, die ungern mit anderen Menschen über ihre Belastungen sprechen und die sich nicht entlasten lassen wollen.

Gerade pflegende Angehörige von Alzheimer-Kranken haben oft Schwierigkeiten, den kranken Ehepartner zur eigenen Entlastung einmal in andere Hände abzugeben – und sei es nur an ein oder zwei Nachmittagen in der Woche, wie dies z. B. durch Betreuungsgruppen ermöglicht wird.

Angehörige, die sich nicht helfen lassen können, haben die Fähigkeit verloren, wenigstens einmal für kurze Zeit Abstand zu gewinnen. Daraus folgt ein völliges Verkümmern der Regenerationsmöglichkeiten, die Erholungsfähigkeit wird eingebüßt. Fatalerweise merken die Betroffenen dies zunächst selbst nicht.

Wie Sie sich vor dem Burnout-Syndrom schützen können

Wer das Gefühl hat, mit immer mehr Energieeinsatz immer weniger zu erreichen, überfordert sich. Die Folge sind psychische Erschöpfung und körperliche Beschwerden. Spätestens dann muss die Notbremse gezogen werden, denn das Gefühl, ausgebrannt zu sein, ist ein Alarmsignal.

Wer die Energien seines Akkus aufgebraucht hat, muss auftanken. Und was bringt verlorengegangene Energie zurück? Der Grundgedanke eines wirksamen Schutzes vor dem Burnout-Syndrom ist: *Pflege und liebe dich zunächst selbst!*

Es bedeutet, dass man dringend für *Auszeiten* sorgen muss, sonst läuft man Gefahr, ernstlich krank zu werden. Überlegen Sie, was Ihnen im Urlaub guttut: bummeln, lesen, spielen, sich unterhalten, Radio hören, wandern, schwimmen?

Versuchen Sie, auch täglich kleine Pausen-Inseln zu schaffen: eine gemütliche Kaffeepause, Zeitung lesen, Muße genießen. Daneben sollten Sie wöchentliche Pausen-Inseln einplanen: sich in die Badewanne legen, zum Yogakurs oder zum autogenen Training gehen, einen langen Spaziergang machen, die Freundin im Café treffen. Darüber hinaus braucht jeder Mensch auch etwas in naher Zukunft, auf das er sich freuen kann, wie zum Beispiel einen Kurzurlaub. Wer immer für andere im Dienst ist, der sollte sich selbst immer wieder für die Mühen des Alltags belohnen.

Für pflegende Angehörige gibt es inzwischen viele (externe) Hilfen und Beratungsangebote in Heimen und Krankenhäusern, von Behörden, ambulanten Diensten, Kranken- und Pflegekassen, Selbsthilfegruppen und Gesprächskreisen.

Für den pflegenden Angehörigen von Demenzkranken, der von einer jahrelangen Langzeitpflege ausgehen muss, eignet sich am besten die Teilnahme an einer regelmäßigen Gruppe, wie sie u. a. von den Alzheimer-Gesellschaften, aber auch von freien Trägern der Wohlfahrtshilfe angeboten werden (s. Seite 81: »Hilfen für die pflegenden Angehörigen«).

Deshalb ist es wichtig, dass sich Angehörige *Entlastungssituationen schaffen*. Sie können ihre pflegebedürftigen Angehörigen für einige Wochen in Kurzzeitpflege geben, um Urlaub zu machen. Sie können sich bei ambulanten Diensten Unterstützung holen. Außerdem können Sie sich in Selbsthilfegruppen oder bei Beratungsstellen mit anderen Menschen austauschen.

*Aber entscheidend ist, dass Angehörige lernen müssen, auch
einmal an sich selbst zu denken, denn auf Dauer kann man
häusliche Pflege nur dann gewährleisten, wenn man gut für sich
selbst sorgen kann.*

Das ist häufig ein langwieriger Prozess, weil pflegende
Angehörige erst einmal Schuldgefühle haben, wenn sie
nicht rund um die Uhr für den Kranken da sind. Dann
können Mutter-Tochter-Konflikte wieder aufbrechen, wenn
die Tochter die Mutter pflegen muss. Es ist eine individuelle Frage, wie die pflegenden Angehörigen hier ihre persönliche *Abgrenzung* finden. Aber sie müssen es lernen.
Pflege zu Hause verlangt langen Atem und Durchhaltever-
mögen und funktioniert nur, wenn pflegende Angehörige
auch an sich selbst denken.

Gerti, 57, hat es richtig gemacht:
*»Ich bin voll berufstätig und pflege bereits seit drei Jahren
meine bettlägerige Mutter. Anfangs hat alles gut und stö-
rungsfrei geklappt. Ich funktionierte wie ein Hamster im
Rädchen. Irgendwann stellte sich bei mir ein Zustand per-
manenter körperlicher und seelischer Erschöpfung ein. Ich
musste lernen, mir selbst Gutes zu tun, mir Rat und Hilfe zu
holen und endlich meine eigenen Bedürfnisse klarzustellen.
Große Hilfe und viel Verständnis fand ich in einer Selbsthil-
fegruppe für pflegende Angehörige. Von denen, die bereits
länger in dieser Situation sind, von der man nicht weiß, wie
lange sie noch andauern wird, erhielt ich wertvolle Tipps und
Kontaktadressen für Anlaufstellen. Ich bin froh darüber,
dass ich es geschafft habe, die Diagnose Burnout anzunehmen und zu meistern. In meinem Leben hat sich inzwischen
viel geändert. Voraussetzung dafür war die mentale Verände-
rung. Wenn ich jetzt mehr an mich und meine Gesundheit
denke, dann ohne schlechtes Gewissen, denn auch ich habe
nur ein Leben und ein Recht auf Lebensqualität. Ich liebe*

meine Mutter und sorge liebevoll für sie, ich vernachlässige dabei aber nicht mehr die Fürsorge für mich selbst.«

Das A und O für eine *Burnout-Prophylaxe* sind eine gesunde Lebensweise und ein Gleichgewicht zwischen Beruf, Familie und Freizeit. Wer Anzeichen des Ausbrennens bemerkt, sollte zuallererst auf die eigenen Bedürfnisse achten und sich Ruhe gönnen. Hat man das Gefühl, sich nicht mehr selbst erholen zu können, sollte man professionelle Unterstützung suchen. Anfangs genügen oft schon einige Beratungsgespräche, um wieder zu Kräften zu kommen und ein schweres Burnout zu verhindern.

Zu einer gesunden Lebensführung gehören ein ausreichendes Maß an erholsamem Schlaf, eine regelmäßige körperliche Aktivität, am besten an der frischen Luft, und eine ausgewogene Ernährung. Ganz wichtig sind Hobbys und sonstige Interessen außerhalb der alltäglichen Anforderungen. Nehmen Sie sich Zeit zur Entspannung, und versuchen Sie, sich Ihre Zeit einzuteilen und das eigene Anspruchsdenken zurückzuschrauben. Zwischenmenschliche Kontakte müssen sorgfältig gepflegt werden, vor allem in Zeiten, in denen man sie nicht zu brauchen scheint. Nur dann kann man in schwierigen Phasen mit dem dringend benötigten Zuspruch rechnen. Grundsätzlich sollte man stets ein zu großes Überengagement vermeiden. Gesünder ist es, seine eigenen Fähigkeiten realistisch einzuschätzen, die eigenen Bedürfnisse mitzuteilen und auch einmal »nein« zu sagen.

Zusammenfassung – So können Sie sich vor Überforderung schützen

Um Pflege über einen längeren Zeitraum leisten zu können, ist es zuvor erforderlich, für sich selbst eine Bestandsaufnahme zu machen und klare Grenzen zu ziehen, in welchem

Rahmen und Umfang man dazu in der Lage und bereit ist, diese Verantwortung auf unbestimmte Zeit zu übernehmen.

- Wichtig ist es, mit dem zu pflegenden Angehörigen genau abzusprechen, in welchem Umfang man verfügbar und bereit ist, die Pflege zu übernehmen. Geschieht das nicht, sind Missverständnisse vorprogrammiert, und der Pflegebedürftige geht dann von einer allzeitigen Verfügbarkeit der Pflegeperson aus. Zu diesen Abprachen gehört auch, zu klären, wann sich der Pflegende »Auszeiten« nimmt und in welchem Umfang und wer dann ersatzweise für die Pflege zuständig ist.

- Vielfach werden Pflegende moralisch unter Druck gesetzt, indem ihnen ein schlechtes Gewissen eingeredet wird. Wehren Sie sich dagegen, und machen Sie deutlich, dass Ihre Übernahme der Pflegeleistung auf Freiwilligkeit beruht. Werden Ihnen als Pflegendem die zuvor ausgehandelten Rahmenbedingungen nicht zugestanden und gibt es immer wieder Konflikte, dann sollten Sie unbedingt nach anderen Lösungen suchen. Pflege ist ein harter Job, Konflikte erschweren ihn unnötig.

- Sich Auszeiten zu nehmen ist eine wichtige Voraussetzung, um Pflege über längere Zeit leisten zu können. Echte Auszeiten, in denen man auch per Handy nicht erreichbar ist, um richtig abschalten zu können, sind Krafttankstellen, um den Akku wiederaufzuladen und einem »Burnout« vorzubeugen. Wenn wirklich ein Notfall eintreten sollte, muss die »Ersatzpflege« einen Notarzt rufen.

- Achten Sie darauf, dass Sie selbst eine ungestörte Nachtruhe haben, damit Sie tagsüber den Anforderungen der anspruchsvollen Pflege gewachsen sind.

Und das hilft pflegenden Angehörigen:

- Erst einmal den Körperbedürfnissen Rechnung tragen, ausreichend schlafen, gesund essen und sich Zeit fürs Essen, für Körperpflege gönnen, sich vielleicht auch mal wieder mehr Zeit für Bewegung nehmen.
- Sprechen Sie mit Freunden und Vertrauten über Ihre Probleme. Wenn das nicht reicht, sprechen Sie Ihr Problem gezielt bei Ihrem Hausarzt an, und holen Sie sich kompetenten Rat.
- Regelmäßig am Tag kleinere Pausen einlegen, jede Woche größere Pausen ohne Anstrengung fest einplanen, Urlaub machen ohne erneuten Freizeitstress. Schaffen Sie sich Freiräume, eine halbe Stunde muss Zeit für eigene Bedürfnisse sein.
- Delegieren Sie Aufgaben, auch wenn diese »nur halb so gut gemacht werden«, als wenn Sie es selbst tun würden.
- Werfen Sie den Perfektionismus über Bord. Dann bleibt Zeit für die schönen Dinge im Leben. Nicht alles perfekt machen müssen, nur »einfach eben so erledigt«, auch mit Fehlern, reicht öfter aus, als man denkt.
- Ignorieren Sie das Gerede der Leute. Bringen Sie sich selbst Wertschätzung entgegen, und suchen Sie nicht nur Anerkennung durch andere. Nehmen Sie Ihre Körpersignale wahr! Lernen Sie Entspannungstechniken (z. B. Yoga oder autogenes Training).
- »Nein sagen« lernen ohne Schuldgefühle. Sagen Sie nein! Ein Konflikt zur rechten Zeit ist besser als ein Konflikt, der permanent schwelt.
- Schauen Sie auf sich selbst, und tun Sie, wonach Ihnen der Sinn steht. Ob Nordic Walking am Montagabend oder Frauenfrühstück am Mittwochvormittag – ein gesunder Egoismus tut gut.

- Stellen Sie klare Forderungen. Sie haben ein Recht auf Kurse, eine eigene Küche oder Urlaub.
- Werden Sie sich Ihrer Situation, aber auch Ihrer Stärke bewusst. Ändern Sie sich selbst, ändert sich auch Ihr Umfeld.
- Nehmen Sie professionelle Hilfe in Anspruch. Zahlreiche Einrichtungen beraten Sie anonym und kostenlos, auch über einen längeren Zeitraum.
  (Adressen und Bücher zum Thema s. Anhang.)

Zum Abschluss eine Inspiration durch eine besinnliche kleine Geschichte:

Der kaputte Krug

Es war einmal ein Wasserträger in Indien. Auf seinen Schultern ruhte ein schwerer Holzstab, an dem rechts und links je ein großer Wasserkrug befestigt waren.

Nun hatte einer der Krüge einen Sprung. Der andere hingegen war perfekt geformt, und mit ihm konnte der Wasserträger am Ende seines langen Weges vom Fluss zum Haus seines Herrn eine volle Portion Wasser abliefern. In dem kaputten Krug war hingegen immer nur etwa die Hälfte des Wassers, wenn er am Haus ankam.

Für volle zwei Jahre lieferte der Wasserträger seinem Herrn also einen vollen und einen halbvollen Krug.

Der perfekte der beiden Krüge war natürlich sehr stolz darauf, dass der Wasserträger in ihm immer eine volle Portion transportieren konnte. Der Krug mit dem Sprung hingegen schämte sich, dass er durch seinen Makel nur halb so gut war wie der andere Krug.

Nach zwei Jahren Scham hielt der kaputte Krug es nicht mehr aus und sprach zu seinem Träger: »Ich schäme mich so für mich selbst, und ich möchte mich bei dir entschuldigen.«

Der Wasserträger schaute den Krug an und fragte: »Aber wofür denn? Wofür schämst du dich?«

»Ich war die ganze Zeit nicht in der Lage, das Wasser zu halten, sodass du durch mich immer nur die Hälfte zum Hause deines Herrn bringen konntest. Du hast die volle Anstrengung, bekommst aber nicht den vollen Lohn, weil du immer nur anderthalb statt zwei Krüge Wasser ablieferst«, sprach der Krug.

Dem Wasserträger tat der alte Krug leid, und er wollte ihn trösten. So sprach er: »Achte gleich einmal, wenn wir zum Haus meines Herrn gehen, auf die wundervollen Wildblumen am Straßenrand.«

Der Krug konnte daraufhin ein wenig lächeln, und so machten sie sich auf den Weg. Am Ende des Weges jedoch fühlte sich der Krug wieder ganz elend und entschuldigte sich erneut zerknirscht bei dem Wasserträger.

Der aber erwiderte: »Hast du die Wildblumen am Straßenrand gesehen? Ist dir aufgefallen, dass sie nur auf deiner Seite des Weges wachsen, nicht aber auf der, wo ich den anderen Krug trage? Ich wusste von Beginn an über deinen Sprung. Und so habe ich einige Wildblumensamen gesammelt und sie auf deiner Seite des Weges verstreut. Jedes Mal, wenn wir zum Haus meines Herrn liefen, hast du sie gewässert. Ich habe jeden Tag einige dieser wundervollen Blumen pflücken können und damit den Tisch meines Herrn dekoriert. Und all diese Schönheit hast du geschaffen.«

(Autor unbekannt)

5. Gewalt in der häuslichen Pflege

Viele ältere Menschen werden jedes Jahr in ihrem Zuhause oder in Pflegeheimen Opfer von körperlicher und seelischer Gewalt.[17] Pflegebedürftige Menschen werden von

ihren Angehörigen ans Bett gefesselt, beschimpft, einge-
sperrt, geschlagen, mit Medikamenten ruhiggestellt oder
in ihrem eigenen Kot liegen gelassen.

Konflikte und Gewalt in der häuslichen Pflege sind immer noch ein Tabu. Menschen, die nicht mit der Pflege
älterer Menschen zu tun haben, können sich oft nicht vorstellen, dass Aggressionen, ja sogar körperliche Misshandlungen stattfinden können. Betroffene geraten durch das
Verschweigen oder Verharmlosen der Auseinandersetzun-
gen immer weiter in die Isolation.

Im häuslichen Bereich gibt es meist kein klares Opfer-
Täter-Verhältnis. Es gibt auch jene Alten, die es schaffen,
aus dem Bett heraus ihre pflegenden Töchter und oft die
ganze Familie zu terrorisieren und zu schikanieren. Wech-
selseitig wird das Opfer zum Täter und der Täter zum Opfer.
So schaukeln sich die Konflikte aufgrund alter und neuer
Verletzungen, Kränkungen und Missverständnisse immer
höher.

Marlies:
*»Wenn ich mal eine halbe Stunde zu spät komme, dann
macht Schwiegermutter ins Bett, um mich zu bestrafen.«*

Thea:
*»Seit fünf Jahren waren wir keinen einzigen Tag weg, nicht
verreist und nichts, dann wollten wir endlich mal verreisen,
die Unterbringung und alles war bestens geregelt, und
schließlich sind wir nach zwei Tagen wieder zurückgeflogen,
weil die Meldung kam, Mutter sei erkrankt.«*

Die Spirale aus Schuldgefühlen und Erpressungen bedingt
ein Klima, in dem alle Formen von Gewalt gedeihen können. Es gibt einerseits die ganz konkrete, auf den Körper ausgeübte Gewalt, dass z. B. eben schon mal hart ange-

fasst, aggressiv gewaschen, gekämmt, gefüttert oder an den Ohren gezogen und sogar geschlagen wird. Andererseits gibt es die verbale und emotionale Gewalt. Diese äußert sich in versteckten kleinen Andeutungen und kann sich bis hin zur seelischen Grausamkeit steigern. Die Pflegebedürftigen werden eingeschüchtert, isoliert, beschimpft, verspottet und mit Liebesentzug oder Heimeinweisung (!) bedroht.

Es stellt sich die Frage, worin die Gründe für die Gewalt in der Pflege liegen. Der Hauptgrund für die Gewaltanwendung gegenüber den zu pflegenden Alten dürfte eine Überforderung der Pflegenden sein – wie schon im Kapitel »Das Burnout-Syndrom« angesprochen. Ein weiteres Motiv ist in der tiefen Hoffnungslosigkeit und Enttäuschung zu sehen, die von den pflegenden Frauen Besitz ergreift, wenn sie ihren Vater oder ihre Mutter auf unabsehbare Zeit pflegen müssen. Das ganze Leben lang haben sie ihre Pläne aufgeschoben und sich gesagt, später, wenn die Kinder aus dem Haus sind und wir nicht mehr berufstätig sein müssen, dann haben wir Zeit für uns, dann können wir lesen, reisen, unseren Hobbys nachgehen usw. Und plötzlich wird ein Elternteil mit 75 oder 80 beispielsweise durch einen Schlaganfall zum Pflegefall. Und dann bleibt von allen Träumen über Jahre nur noch anstrengende, zermürbende Pflege.

Natürlich *müssen* solche Frustrationen nicht zu Gewalt gegenüber den zu Pflegenden führen, aber sie können dieses Verhalten erklären.

Ein weiterer Grund für Gewalt in der häuslichen Pflege liegt darin, dass oft gerade in Überlastungssituationen alte, nicht verarbeitete Konflikte aufbrechen. All die Verletzungen und Kränkungen von früher kommen bei der Pflege in diesem engen Abhängigkeitsverhältnis wieder hoch. Die ungeliebte Ehefrau soll plötzlich nur noch geben. Töchter

oder auch Söhne sollen ihren Eltern, die niemals wert-
schätzend, fördernd oder liebevoll waren und denen nichts
gut genug war, Aufmerksamkeit, Liebe und Fürsorge schen-
ken. Aber von Anerkennung und Dankbarkeit ist nichts
zu spüren. Im Gegenteil: Sie haben vielleicht einen Elternteil zu sich in die Wohnung genommen, kümmern sich
um ihn, aber abends, wenn sie von der Arbeit kommen,
hören sie nur: *»Na, kommst du auch mal vorbei!«* Da kommt
Freude auf!

Zu den negativen Gefühlen, die zu Aggressionen gegenüber den zu Pflegenden verleiten können, gehört der Ekel:
Wenn Kinder die Intimpflege ihrer Eltern übernehmen
müssen, gibt es oft starke Empfindlichkeiten auf beiden
Seiten.

Welchen Schutz gibt es vor Gewalt in der Pflege? Ältere
Menschen vor Gewalt zu schützen, diesem Anliegen wid-
men sich internationale Aktionstage, die weltweit das Bewusstsein dafür schärfen sollen, dass Misshandlungen älterer Menschen in vielen Erscheinungsformen vorkommen.
So wurde der 15. Juni 2006 von der Organisation »Inter-
national Network for the Prevention of Elder Abuse« zum
»World Elder Abuse Awareness Day« erklärt.[18] Anlässlich
dieses Tages fand in Hannover eine Fachtagung unter
dem Motto »Wehrlos im Alter?« statt. Hinzuweisen ist
auch auf das vom Bundesministerium für Familie, Senioren, Frauen und Jugend initiierte Forschungsprojekt »Kri-
minalität und Gewalt im Leben älterer Menschen«, das bis
zum 31.12.2007 lief.

»Pflege in Not«[19] ist ein Projekt des Diakonischen Wer-
kes Berlin Stadtmitte e.V. Die Mitarbeiter dieses 1999 ge-
gründeten Projektes beraten bei Fragen zur Gewalt- und
Konfliktvermeidung in der Pflege älterer Menschen. Anrufe gehen in großer Anzahl ein, denn immer wieder
kommt es zu Extremsituationen und Aggressionen, sowohl

in den Familien als auch in den Pflegeheimen. In Deutschland gibt es zwölf gleichartige Einrichtungen (s. Seite 81: »Hilfen für die pflegenden Angehörigen«).

Um vor allem ältere Menschen vor Gewalt zu schützen, gibt es allerlei Präventionsmaßnahmen. Dazu gehören *Krisentelefone*, die auch anonym in Anspruch genommen werden können und die überwiegend von Spenden unterhalten werden (s. Seite 81: »Hilfen für die pflegenden Angehörigen«).

Da die überwiegende Mehrheit Pflegebedürftiger zu Hause von den Angehörigen gepflegt wird, kommen von dort auch die meisten Anrufe von verzweifelten, überforderten Frauen. Gerade für diejenigen, die einen dementen Angehörigen pflegen und nicht mehr von zu Hause wegkommen, ist ein Krisentelefon eine große Hilfe. Wenn der Angehörige schläft, können Sie zum Hörer greifen und sagen, was Sie bedrückt und worin Sie sich überfordert fühlen. Sie können Ihrer Seele Luft machen, bevor der »Innendruck« steigt und sich in Tätlichkeiten gegenüber dem Schwächeren entlädt.

Für die Anrufer, die sich an ein Krisentelefon wenden, ist es wichtig, zu wissen, dass dort Menschen sind, die zuhören, sich Zeit nehmen, auf die Probleme eingehen und nicht verurteilen. Viele Anrufer sind anonym, weil sie sich schämen, mit der Situation nicht zurechtzukommen. Bei groben Missständen stehen Berater und Mediatoren zur Verfügung, um die Situation durch Beratungsgespräche zu entschärfen. Eigentlich müsste es flächendeckend in Deutschland Krisentelefone geben, evtl. nach dem Prinzip der Telefonseelsorge. Pflegende Angehörige, die unter Druck geraten, brauchen Anlaufstellen, um sich seelisch zu befreien wie bei der Beichte. Es ist wichtig, dass in Ausnahmesituationen jemand da ist, der sich belastende Bekenntnisse anhört.

Eine Pflege, die lieblos, widerwillig oder gar mit der Absicht, etwas heimzuzahlen, geleistet wird, ist für alle Beteiligten schlimm. Dann ist es besser, sich einzugestehen, dass Liebe oder Bereitschaft nicht ausreicht, und man sollte dann überlegen, wie Hilfe organisiert werden kann. Auf keinen Fall sollten sich Kinder bei der Übernahme der Pflege der Eltern von Schuldgefühlen oder den moralischen Bewertungen anderer leiten lassen. Im Entscheidungsprozess können Gespräche bei einer Beratungsstelle eine große Entlastung sein und viel zur Klärung der individuellen Lage beitragen.

6. Hilfen in der häuslichen Pflege

Es sind vier Arten von Hilfen zu unterscheiden:

- Allgemeine Hilfen für Pflegebedürftige,
- Hilfen für körperlich gebrechliche Pflegebedürftige,
- Hilfen für geistig verwirrte Pflegebedürftige,
- Hilfen für die pflegenden Angehörigen selbst.

Allgemeine Hilfen für Pflegebedürftige

Kurzzeitpflege und Tages- und Nachtpflege
Eine spürbare Entlastung der pflegenden Familienangehörigen bietet die *Kurzzeitpflege.*

»Kann die häusliche Pflege zeitweise nicht, noch nicht oder nicht im erforderlichen Umfang erbracht werden und reicht auch teilstationäre Pflege nicht aus, besteht der Anspruch auf Pflege in einer vollstationären Einrichtung. Dies gilt:

1. für eine Übergangszeit im Anschluss an eine stationäre Behandlung des Pflegebedürftigen oder
2. in sonstigen Krisensituationen, in denen vorübergehend häusliche oder teilstationäre Pflege nicht möglich oder nicht ausreichend ist.

Der Anspruch auf Kurzzeitpflege ist auf vier Wochen pro
Kalenderjahr beschränkt. Die Pflegekasse übernimmt die
pflegebedingten Aufwendungen, die Aufwendungen der
sozialen Betreuung sowie die Aufwendungen für Leistungen der medizinischen Behandlungspflege bis zu einem
Gesamtbetrag von 1432 Euro im Kalenderjahr« (SGB XI
§ 42).

Meist ist es möglich, einen »Schnuppertag« zu machen,
um auszuprobieren, ob der Kranke sich dort wohl fühlt.

Auch wenn zu Hause die Pflege unmöglich geworden
ist, kann ein Kurzzeit-Pflegeplatz als Zwischenlösung dienen, bis ein Platz im Pflegeheim gefunden ist.

Kurzzeit-Pflegebetten werden meist von Alten- oder
Altenpflegeheimen angeboten, die für Kurzzeitpflege eine
Genehmigung haben müssen. Manche stehen als »Urlaubs-
betten« nur während der Ferienzeit zur Verfügung. Wenn
eine Kurzzeitpflege während der Urlaubszeit geplant ist,
muss man sich schon sehr früh um eine geeignete Einrichtung bemühen.

Die *Tagespflege und Nachtpflege* bilden das Zwischenglied
zwischen häuslicher Pflege und der »Vollversorgung« im
Heim.

»Pflegebedürftige haben einen Anspruch auf teilstationäre Pflege in Einrichtungen der Tages- oder Nachtpflege,
wenn häusliche Pflege nicht in ausreichendem Umfang
sichergestellt werden kann oder wenn dies zur Ergänzung
oder Stärkung der häuslichen Pflege erforderlich ist. Die
teilstationäre Pflege umfasst auch die notwendige Beförde-

rung des Pflegebedürftigen von der Wohnung zur Einrichtung der Tagespflege oder der Nachtpflege und zurück«
(SGB XI, § 41 Abs. 1 Satz 1).

Tagespflege ist die *teilstationäre Pflege* und Versorgung
pflegebedürftiger alter Menschen in einer zugelassenen
Pflegeeinrichtung durch qualifiziertes Personal während
eines Tages, an einigen oder allen Wochentagen. Die Pflegebedürftigen werden morgens hingebracht und abends
wieder abgeholt.

Die besondere Bedeutung dieses Angebotes liegt darin,
dass die eigene Wohnung und die vertraute Umgebung
einschließlich der gewachsenen sozialen Beziehungen nicht
aufgegeben werden müssen und trotzdem die notwendigen Pflege- und Betreuungsleistungen von geeigneten Personen in geeigneten Einrichtungen erbracht werden.

Im Vordergrund der Tagespflege stehen die Anleitung
und Hilfe zur Selbsthilfe. Durch körperliche und soziale
Aktivierung, wie zum Beispiel krankengymnastische Übun-
gen, hauswirtschaftliche Eingliederung, Spaziergänge und
Ausflüge, Konzentrationstraining, Arztbesuche etc. soll die
Selbstständigkeit der Tagespflege-Besucher wiederhergestellt
oder so lange wie möglich erhalten bleiben.

Ersatzpflege oder »Verhinderungspflege«

»Ist eine Pflegeperson wegen Erholungsurlaubs, Krankheit
oder aus anderen Gründen an der Pflege gehindert, übernimmt die Pflegekasse die Kosten einer notwendigen Ersatzpflege für längstens vier Wochen je Kalenderjahr; Voraussetzung ist, dass die Pflegeperson den Pflegebedürftigen
vor der erstmaligen Verhinderung mindestens zwölf Monate in seiner häuslichen Umgebung gepflegt hat« (SGB XI,
§ 39 Abs. 1 Satz 1–2).

Dem Pflegebedürftigen wird so ermöglicht, auch während der Krankheits- oder Urlaubszeit seiner Pflegeperson

in seiner gewohnten häuslichen Umgebung zu bleiben. Um Ersatzpflege zu erhalten, ist zu beachten:

Der Pflegebedürftige muss bei seiner Pflegeversicherung einen formlosen Antrag stellen. Es sollte formuliert werden, welche Art der Betreuung während des Urlaubs gewünscht wird, also ob die Vertretung zum Beispiel durch einen Pflegedienst oder durch jemanden aus der Familie erfolgen soll.

Der Antrag bei der Kasse sollte rechtzeitig gestellt werden. In Krisensituationen, zum Beispiel bei einer plötzlichen gesundheitlichen Verschlechterung, kann der Antrag auch nachgereicht werden. Die Leistungen der Ersatzpflege müssen nicht in aufeinanderfolgenden Wochen in Anspruch genommen werden, sondern können sich auf mehrere kürzere Zeiten im Jahr verteilen.

Die Ersatzpflege kann durch Verwandte oder durch professionelle Pflegedienste erfolgen. Der Antragsteller kann sich aus dem Pflegekatalog die passenden Leistungen zusammenstellen. Bezüglich der Kosten bzw. der Erstattungen wenden Sie sich bitte an die Pflegeversicherung. Ein besonderes Problem ist die professionelle Ersatzpflege von *Demenzerkrankten*.

Wenn ein Demenzerkrankter zu Hause durch professionelle Pflegedienste versorgt werden muss, dann ist es für sie wichtig, etwas über die Gewohnheiten und die Biografie des Pflegebedürftigen zu wissen.

Im Pflegealltag trifft man auf den alten Menschen, wie er heute ist, und es ist schwierig, ihn sich jung, gesund und voller Tatendrang vorzustellen. Hinzu kommt die Tatsache, dass Pflegekräfte häufig ungenügend auf die Betreuung verwirrter Menschen vorbereitet werden. Dies führt in der Pflegepraxis dazu, dass Betreuende schwer einen Zugang zur Welt der Verwirrten finden. Verhaltensweisen dieser Menschen werden leicht fehlgedeutet und treffen auf Un-

verständnis. Wenn Pflegekräfte entscheidende Signale und
Schlüsselwörter nicht deuten können, entstehen Missver-
ständnisse, Unzufriedenheit und oft sogar Widerstand und
Aggressionen.

Eine Altenpflegerin erzählt:
*»Tagelang weigerte sich der alte Mann standhaft, sich mor-
gens waschen zu lassen. Ich war machtlos, alle guten Worte
halfen nichts. Dann, irgendwann brach es aus ihm heraus:
›Ein Mann wäscht sich abends …‹«*

Ein Mann wäscht sich abends – diese Gewohnheit hatte
der alte Mann aus seiner früheren Heimat im Osten mitge-
nommen. Um die Verweigerungshaltung eines dementen
alten Menschen begreifen zu können, ist es wichtig, etwas
über seine Biografie, seine lebenslangen Gewohnheiten, zu
erfahren. Nachdem die Altenpflegerin den Grund erfahren
hatte, warum der alte Mann sich morgens nicht waschen
lassen wollte, stellte sie sich darauf ein und plante seine in-
tensive Körperpflege für abends ein.

Für Pflegedienste ist der kulturelle Hintergrund der
Menschen, die sie pflegerisch betreuen, sehr wichtig. Die
vorausgegangene Geschichte ist ein Beispiel dafür, wie
man mit relativ einfachen Mitteln den alten Menschen
ihre Würde bewahren und sie zufriedenstellen kann. Nur
wer die Biografie der Menschen kennt, kann sie so pflegen,
wie sie es wünschen.

Informationen zu vielen anderen Fragen bietet das bun-
desweite Alzheimertelefon, das von der Deutschen Alzheimer-Gesellschaft eingerichtet wurde (s. Anhang, Adressen).

Hilfen für körperlich gebrechliche Pflegebedürftige

Für Pflegebedürftige, die in ihrer Beweglichkeit eingeschränkt sind, könnten außer einem speziellen Krankenbett beispielsweise ein Treppenlift oder Rampen für den
Rollstuhl hilfreich sein. Auch Lifts, die Pflegenden helfen, ihre Angehörigen aus dem Bett oder in die Badewanne zu bekommen, oder sogenannte »Aufstehbetten«
sind nützlich.

Darüber hinaus ist daran zu denken, den Sitz des WC
zu erhöhen, Haltegriffe an Badewannen- und Duschwän-
den zu installieren und zu ermöglichen, dass man mit
dem Rollstuhl in die Dusche fahren kann. Hier geht es also
um den altersgerechten Umbau der Wohnung bzw. des
Hauses.

Für Umbauarbeiten gibt es diverse Fördermöglichkei-
ten. Der Staat, die Kranken- und Pflegekassen und verschiedene andere Einrichtungen stellen unter bestimmten
Bedingungen Gelder zur Verfügung. Wenn die Pflegebedürftigkeit bestätigt ist, zahlt die Pflegekasse bis zu 2557
Euro pro Maßnahme für den altersgerechten Umbau der
Wohnung. Unter Umständen kommt das Sozialamt für Um-
bauten auf (s. Anhang, Adressen Wohnberatungsstellen!).

Hilfen für geistig verwirrte Pflegebedürftige

Viel schwieriger als die Pflege körperlich gebrechlicher
Eltern ist der Umgang mit altersverwirrten Menschen.
Wenn Sie demente Eltern zu betreuen haben, brauchen
Sie auf Dauer besondere Hilfe und Unterstützung.

Die Alzheimer-Gesellschaft steht für Informationen zur
Verfügung. Darüber hinaus bieten Träger der Freien Wohlfahrtspflege, Selbsthilfeverbände sowie Pfarrgemeinden Ge-

sprächskreise an, die Angehörigen helfen, ihren belasten-
den Betreuungsalltag besser zu bewältigen (s. Adressen im
Anhang).

Bei der Altersdemenz gibt es viele Dinge zu bedenken,
damit sich diese Menschen nicht zur Gefahr werden. Ein
großes Problem bei Demenz-Patienten ist die Vergesslichkeit. So kann ein Bügeleisen zur Gefahr werden: Hilfreich
sind dann *Zeitschaltuhren, Schalter für Stromkreise und Tem-
peratur- oder Rauchmelder.*

Häufig stellen auch Wasserhähne ein Problem dar, weil
die Betroffenen nicht mehr wissen, wie sie warmes und
kaltes Wasser einstellen. Hier sollten deutliche Markierun-
gen angebracht werden. Vorgeschaltete *Thermostate* können Verbrühungen vermeiden. Der Orientierungslosigkeit
verwirrter Menschen begegnet man mit hellem und blend-
freiem Licht. Am besten sollte das Licht durch *Bewegungsmelder* geschaltet werden, weil Kranke im fortgeschrittenen
Stadium die Schalter nicht mehr finden. Wenn doch Schalter nötig sind, sollten sie groß, eventuell beleuchtet sein
und sich von der Wandfarbe abheben.

Hilfen für die pflegenden Angehörigen

Wer über lange Zeit pflegebedürftige Angehörige zu Hause
pflegt, leistet Schwerstarbeit. Die Pflege kann leicht zu
einer physischen und psychischen Überforderung der Pflegenden führen.

Alte Eltern zu Hause zu pflegen ist ein großer Einschnitt
für alle Beteiligten. Das verlangt mehr als gezielte Handgriffe und medizinische Betreuung und Organisation. Vor
allem stellt sich die Frage des Umgangs miteinander.

Zu Schwierigkeiten im Umgang miteinander kann es
kommen, wenn kranke oder behinderte Familienmitglie-

der ihre Pflegepersonen schikanieren, ihnen gegenüber aggressiv reagieren, keine Zeichen der Dankbarkeit zeigen, immer unzufrieden und nörglerisch sind oder wenn ihr Gemütszustand dauerhaft schlecht ist. Bei älteren Personen treten oft auch Persönlichkeitsveränderungen auf, mit denen ihre Angehörigen vielfach überfordert sind und nur schwer fertig werden.

Vor allem pflegende Kinder leiden in diesen Situationen häufig unter schweren Gewissenskonflikten. Sie fühlen sich verantwortlich und verpflichtet, ihren Eltern den Wunsch nach Versorgung in der häuslichen Umgebung zu erfüllen. Gleichzeitig erfahren sie aber die Grenzen von Schwerstpflege zu Hause und fühlen sich häufig am Ende ihrer Belastbarkeit. In dieser Situation kann ein offenes Gespräch mit dem Hausarzt, Sozialarbeitern oder Wohlfahrtsverbänden hilfreich und klärend sein, denn hier erhalten Betroffene konkrete Hilfen zur Entlastung.

Selbsthilfegruppen

Für pflegende Angehörige von *Demenzerkrankten* gibt es besondere *Selbsthilfegruppen*, die von unterschiedlichen Organisationen und Vereinen bundesweit angeboten werden. Man trifft sich in regelmäßigen Abständen und tauscht sich über die Erfahrungen mit der Krankheit aus. Auf die meisten Menschen, die verwirrte Angehörige pflegen, wirkt es befreiend, mit Menschen in der gleichen Situation über die Gefühle zu sprechen, die die Krankheit auslöst.

Die tägliche Pflege von Demenzkranken führt oft zu Wut, Unverständnis, Missverständnissen und Ärger. In Gruppen können Angehörige aber auch über ihre Überforderung und ihre Ängste sprechen, sich gegenseitig bestärken und neuen Mut fassen.

Gesprächskreise für pflegende Angehörige

Gesprächskreise für pflegende Angehörige werden von den meisten großen Pflege-Institutionen und -Verbänden und von vielen ambulanten Pflegediensten angeboten oder vermittelt (Adressen s. Anhang). Im Gegensatz zu den Selbsthilfegruppen gibt es bei den Gesprächskreisen immer einen (ausgebildeten) Gesprächsleiter.

Ein wichtiges Thema der *Gesprächskreise für pflegende Angehörige* sind die seelischen Probleme, die die Pflege mit sich bringt, Konflikte in der Beziehung zum Pflegebedürftigen oder innerhalb der Familie. Die Teilnahme an einem Gesprächskreis bedeutet für viele Pflegende eine große Hilfe: Sie entdecken, dass sie mit ihren Belastungen nicht allein sind. Das Beispiel und die Unterstützung durch andere Betroffene helfen, Lösungsmöglichkeiten für Probleme zu finden.

Weitere Hilfen

- *Psychosoziale Beratung:* Einzelberatung und Gesprächskreise für Pflegende, Vermittlung von Selbsthilfegruppen.
- *Pflegeberatung:* Beratung bei konkreten Pflegeproblemen, Informationen über Heimhilfen und unterstützende Dienste wie Essen auf Rädern, Fahrdienste, Besuchsdienste und so weiter; Beratung zu speziellen Themen wie Ernährung oder Sterbebegleitung oder auch zur alters- oder behindertengerechten Pflege.
- *Psychologische Beratung:* Psychologische Beratungsstellen helfen in verschiedensten Konflikt- und Krisensituationen, bei existentiellen Entscheidungen, bei Problemen in Ehe und Familie. Solche Beratungsstellen, oft »Ehe- und Familienberatungsstellen« ge-

nannt, werden von den Gemeinden, Wohlfahrtsor-
ganisationen oder Kirchen angeboten. Dort arbeitet ein Team aus Psychotherapeuten, Psychologen,
Sozialpädagogen, manchmal auch Ärzten, Juristen
oder Theologen. Die Beratung ist anonym und meist
kostenlos, für die Mitarbeiter besteht Schweige-
pflicht.

– *Finanzielle Hilfe:* Die Pflegekasse zahlt entweder für
die häusliche oder für die stationäre Pflege. Nach
dem politischen Grundsatz »ambulant vor stationär«
geben die meisten zunächst der häuslichen Pflege
den Vorzug.

Bei der *häuslichen Pflege* haben Sie die Wahl zwischen Geld-, Sach- oder Kombinationsleistung. Kurse
und Schulungen in Pflegetechniken erhalten Sie als
pflegende/r Angehörige/r kostenlos. Wenn Sie ein
Familienmitglied pflegen, zahlt Ihnen die Pflegekasse ein sogenanntes Pflegegeld. Es beträgt zurzeit
(Anfang 2008) in:

– Pflegestufe I: 205 Euro
– Pflegestufe II: 410 Euro
– Pflegestufe III: 665 Euro

Quelle: SGB XI/Begutachtungsrichtlinien der Spitzenverbände
der Krankenkassen

7. Urlaub von der Pflege

Pflegende Angehörige gehen oft an die Grenzen ihrer Belastbarkeit, das bedeutet Arbeit und Präsenz rund um die
Uhr. Auch wenn sie sich täglich eine kleine Verschnauf-
pause von ihrer verantwortungsvollen Aufgabe gönnen,
droht vielen körperliche und seelische Erschöpfung, also

das Burnout-Syndrom (s. Seite 60), wenn sie sich nicht wenigstens einmal im Jahr eine Auszeit von drei bis vier Wochen gönnen.

Pflegende Angehörige brauchen deshalb wie jeder andere Urlaub, um endlich Ruhe zu haben, ausschlafen und ausspannen zu können. Urlaub von der Pflege heißt neue Kraft tanken, um die häusliche Pflege auf Dauer zu sichern. Der erste Schritt zum entspannten Urlaub ist eine gute Planung. Zwei grundsätzliche Fragen stellen sich dabei:

1. Möchte ich allein oder mit meinem pflegebedürftigen Angehörigen verreisen?

2. Möchte ich in eine Kurklinik, in eine Ferienwohnung, in ein Pflegeheim oder in ein Pflegehotel?

Zu 1.:
Wer lieber allein verreisen möchte, sollte mit dem Pflegedienst absprechen, wie die Versorgung des Angehörigen gewährleistet werden kann:

Bei Urlaub oder sonstiger Verhinderung der Pflegeperson besteht ein Anspruch auf eine professionelle Pflegevertretung – auf die sogenannte Ersatzpflege – für bis zu vier Wochen. Für eine kurzzeitige Heimunterbringung, die sogenannte Kurzzeitpflege, zahlt die Pflegekasse ebenfalls (vgl. Seite 81: »Hilfen für die pflegenden Angehörigen«).

Andererseits ist es auch möglich, den Urlaub mit dem pflegebedürftigen Angehörigen zusammen zu verbringen. Immer mehr Veranstalter bieten *Urlaub im Doppelpaket für Pflegende und Angehörige* an.

Zu 2.:
Genau wie zu Hause kümmert sich der Angehörige in der Kurklinik, der Ferienwohnung, im Pflegeheim oder im

Pflegehotel zum überwiegenden Teil selbst um die Pflege. Wenn er jedoch z. B. zum Schwimmen geht oder Zeit für seine Kuranwendungen braucht, helfen die Mitarbeiter des Hauses oder auch ein ambulanter Pflegedienst aus.

Kurklinik
Es ist sinnvoll, im Gespräch mit dem Arzt und der Krankenkasse zu klären, ob möglicherweise eine ambulante Vorsorgekur der richtige Weg ist. Die Krankenkasse zahlt dann einen bestimmten Betrag täglich zur Unterkunft hinzu und übernimmt einen Teil der Anwendungskosten.

Ferienwohnung und/oder Pflegeheim
Die Verweildauer in Pflegeheimen ist auf maximal 28 Tage begrenzt. Im Folgenden werden einige Pflegeheime vorgestellt:

a) Pflegeheim auf der Insel Amrum
Auf der Nordseeinsel Amrum bietet ein 1996 gebautes Pflegeheim mit angeschlossener ambulanter Sozialstation und Begegnungsstätte die Sicherheit für eine optimale Betreuung Ihrer Angehörigen, und Sie können sich zeitgleich auf der wunderschönen Ferieninsel erholen.

Sollten Sie fachlich qualifizierte Unterstützung bei der Grundversorgung nach dem Pflegeversicherungsgesetz oder Dienstleistungen im Rahmen der Verordnungen durch Ihren Hausarzt in Ihrer *Ferienwohnung* benötigen, dann übernimmt qualifiziertes Fachpersonal des Hauses diese Tätigkeiten, um Sie im Urlaub zu entlasten. Sollte eine *stationäre Versorgung* Ihrer Angehörigen erforderlich sein, werden sie in einem Zehn-Betten-Haus liebevoll betreut und fachlich versorgt. Der Kontakt kann gehalten werden, aber gleichzeitig haben Sie die Freiräume, um sich selbst zu erholen.

Ob ambulante Versorgung in der Ferienwohnung oder stationäre Unterbringung in einem modernen Pflegeheim – jederzeit ist jemand für Sie da! Und Sie können sich erholen in dem Bewusstsein, dass Ihre pflegebedürftigen Angehörigen gut versorgt in Ihrer Nähe sind.

Sicherlich wird es auch für Ihre pflegebedürftigen Angehörigen eine angenehme Abwechslung sein, die wunderschöne Natur und das gesunde Klima Amrums zu erleben (Adresse s. Anhang).

b) Das Oberstdorfer Seniorenheim

Auch das *Oberstdorfer Seniorenheim* bietet neue Ideen für Familien mit pflegebedürftigen Angehörigen an. Regelmäßig, wenn in der Urlaubsregion Oberstdorf die Saison beginnt, gehen im »Oberstdorfer Haus der Senioren des Roten Kreuzes Oberallgäu« vermehrt Anfragen ein. Meist sind es Familien, die einen pflegebedürftigen Angehörigen während des Skiurlaubs nicht allein zu Hause lassen wollen. In der Regel sind es Ältere oder Behinderte, die mit dem Trubel im Hotel Probleme haben oder zumindest zeitweilig Betreuung und Pflege brauchen. Während ein Teil der Familie beispielsweise den Tag auf den Pisten rund um Oberstdorf oder beim Après-Ski verbringt, kann es der andere Teil gemütlicher angehen lassen. Denn allein das Klima, der beeindruckende Bergblick und das lebendige Urlaubertreiben bringen die erwünschte Abwechslung zum gewohnten Alltag, die für das besondere Urlaubsgefühl verantwortlich ist.

Manch einer, der mit einem Urlaub im Oberallgäu liebäugelt, entschließt sich eher dazu, wenn er weiß, dass seine pflegebedürftigen Angehörigen in dieser Zeit gut versorgt und jederzeit erreichbar sind. Oberstdorf bietet zu allen Jahreszeiten viel, und die zentrumsnahe Lage des Hauses ermöglicht es auch weniger mobilen Urlaubern, einen unvergesslichen Urlaub zu gestalten. Darüber hinaus stehen der Fahrdienst, die sozialen Dienste und ehrenamtliche Helfer des Roten Kreuzes bereit, die Wünsche dieser speziellen Klientel zu erfüllen. Je nach Nachfrage werden im Haus der Senioren beispielsweise bei Bedarf einer zusätzlichen Begleitperson Kost und Logis angeboten. Selbstverständlich kann auch der Transport mit Mehrzweckfahrzeugen (liegend, Rollstuhl, sitzend) durch das Rote Kreuz Oberallgäu erfolgen.

Interessenten können sich über *»Urlaub mit pflegebedürftigen Angehörigen«* im Haus der Senioren in Oberstdorf informieren (Adresse s. Anhang).

Pflegehotels

Dabei handelt es sich um von den Krankenkassen und Pflegekassen durch Zertifikat anerkannte Einrichtungen. Die Pflegekassen gewähren Leistungen der *Kurzzeitpflege* für Pflegebedürftige (bitte vor Buchung des Hotels mit der Krankenkasse klären!). In Pflegehotels kann man länger als 28 Tage bleiben, muss danach aber selbst zahlen. Die Pflegehotels bieten Hotelkomfort mit Pflege. Sie sind rollstuhlgeeignet.

Pflegehotels sind eine Alternative zu Reha-Kuren. Wer beispielsweise nach einem Krankenhausaufenthalt noch nicht alleine leben kann, dem bieten Pflegehotels alles, was er zur Erholung braucht. Pflegehotels eignen sich aber auch in besonderer Weise für langzeitpflegebedürftige Menschen sowie für deren pflegende Angehörige.

Gerade für die pflegenden Angehörigen ist es wichtig, sich auch einmal ein wenig von ihren täglichen Pflegeaufgaben zu erholen. In Pflegehotels steht rund um die Uhr Pflegepersonal zur Verfügung. Dieses übernimmt die täglichen Pflegeaufgaben und kann im Bedarfsfall per Notruf gerufen werden.

Zwei Beispiele für Pflegehotels:

a) Das DRK-Pflegehotel am Ostalb-Klinikum Aalen

Es bietet:

Übergangspflege: für Personen nach Krankenhausaufenthalt mit einem noch zeitlich begrenzten stationären Pfle-
gebedarf. Die zukünftig notwendige Pflege und Versorgung kann dadurch von allen Betroffenen in Ruhe geklärt
werden.

Kurzzeitpflege nach SGB XI: für Pflegebedürftige, deren
Angehörige Urlaub benötigen.

Verhinderungspflege (Ersatzpflege): für Pflegebedürftige, deren
pflegende Angehörige vorübergehend z. B. durch Krankheit verhindert sind.

Pflege nach ambulanten Operationen: für Personen, die nach
ambulanten Operationen vorübergehend Pflege benötigen
und für die häusliche Pflege nicht vorhanden oder ausreichend ist.

Pflege und Urlaub: für Pflegebedürftige mit ihren Partnern,
die gemeinsam einige Tage frei von den Alltagsaufgaben in
einer anderen Umgebung verbringen wollen (s. Anhang,
Adressen, Urlaub von der Pflege).

b) Das Pflegehotel Landhaus Fernblick in Winterberg (Sauerland)

Urlaub machen – entspannen, abschalten, die Seele bau-
meln lassen und neue Eindrücke sammeln – ist für Menschen, die an Demenz erkrankte Angehörige pflegen, keine
Selbstverständlichkeit.

Um hier zu helfen, eröffnete die Arbeiterwohlfahrt Bezirk
Westliches Westfalen e.V. im Sommer 2005 das *Landhaus
Fernblick in Winterberg.* Es ist das erste Urlaubsdomizil in
Nordrhein-Westfalen, das sich ganz und gar auf die besonderen Bedürfnisse seiner Gäste – an Demenz erkrankte
Menschen und ihre pflegenden Angehörigen – eingestellt
hat. Die barrierefreie (d. h. für Rollstuhlfahrer geeignete)
Erholungseinrichtung verfügt über 52 Betten in 32 Wohn-
einheiten (12 Einzel-, 20 Doppelzimmer). Dort kann sowohl
der Pflegende Urlaub und Entspannung als auch der Pflegebedürftige eine angemessene Betreuung und Begleitung
erfahren. Das Haus Fernblick bietet seinen Gästen neben
einem Garten einen Fitnessbereich mit Schwimmbad und
Sauna sowie ein medizinisches Bad und Massageräume.
Ein gemütliches Café lädt zum Verweilen ein.

Für die Betreuung der Gäste sind Mitarbeiter unter-
schiedlicher Fachrichtungen verantwortlich. Zu ihnen gehören Fach- und Honorarkräfte für den pflegerischen,
gastronomischen und hauswirtschaftlichen Bereich, nie-
dergelassene Ärzte und Auszubildende aus den insgesamt
sechs Fachseminaren für Altenpflege und einer Kran-
kenpflegeschule der »Arbeiterwohlfahrt Bezirk Westliches
Westfalen e.V.«. Die Stiftung Wohlfahrtspflege NRW und
die ARD Fernsehlotterie unterstützten die Realisierung des
Projektes.

KAPITEL 3

Ambulante Altenpflege

Unfall, Erkrankung, Alter – es gibt viele Ursachen dafür, dass Töchter sich plötzlich in der Pflicht sehen, sich um ihre alten Eltern zu kümmern und sie zu pflegen. Die meisten versuchen das zunächst – oft auch aus finanziellen Gründen – in Eigenleistung. Dabei stoßen sie irgendwann an die Grenzen ihrer Belastbarkeit, wie in Kapitel 2 »Pflege durch die Familie«, geschildert wurde. Als Entlastung bietet sich dann die »ambulante Altenpflege« an.

1. Grundsätzliches zur ambulanten Altenpflege

Die ambulante Altenpflege ist Pflege in der eigenen Wohnung durch Pflegedienste. Inzwischen ist ein riesiger Markt mit entsprechend unübersichtlichen Angeboten entstanden. Grundsätzlich sind zu unterscheiden:

- institutionelle Pflegedienste (DRK, Caritas, Diakonie, Johanniter, Malteser)
- private Pflegedienste

Alle ambulanten Pflegedienste sind Partner der Kranken- und Pflegekasse. Sie werden von fachlich kompetenten Mitarbeitern betreut, die rund um die Uhr erreichbar sind (auch an Sonn- und Feiertagen).

Die Aufgaben der ambulanten Pflegedienste

Pflegedienste unterstützen Pflegebedürftige im häuslichen Bereich. Die eigenen vier Wände – das sind Vertrautheit und Geborgenheit. Und gerade im Alter, bei Behinderung oder Krankheit gewinnt die gewohnte Umgebung noch mehr an Bedeutung. Denn zu Hause fühlt man sich am wohlsten. Doch gleichzeitig ist da auch der Wunsch, der Familie nicht zu sehr zur Last zu fallen. Dann helfen Pflegedienste.

Die ambulante Altenpflege sorgt für alte Menschen, egal, ob erkrankt oder nicht, um ihnen ein möglichst selbstständiges Leben zu ermöglichen. Dabei wird die Betreuung auf die individuellen Bedürfnisse eines jeden abgestimmt.

Seit Einführung der Pflegeversicherung haben alle diejenigen Anspruch auf Unterstützung, die mindestens sechs Monate tägliche Pflege benötigen, was durch den Medizinischen Dienst der Krankenkassen festgestellt wird (s. Seite 54: »Der Kampf um die Pflegestufe«).

Ausführliche Informationen über die Leistungen der Pflegeversicherung erhalten Sie bei Ihrer Krankenkasse. Als »*Sachleistungen*« werden Erstattungen für professionelle Pflegedienstleistungen bezeichnet. »*Geldleistungen*« gibt es für Angehörige und Freunde, die selbst pflegen. Die Kombination beider Leistungen ist auch denkbar.

Die Leistungen der ambulanten Pflegedienste

Ein professioneller Pflegedienst kann pflegende Angehörige durch verschiedene Verrichtungen entlasten:

■ *im Bereich der Körperpflege*
   1. das Waschen
   2. das Duschen
   3. das Baden
   4. die Zahnpflege
   5. das Kämmen
   6. das Rasieren
   7. die Darm- oder Blasenentleerung

■ *im Bereich der Ernährung*
   8. das mundgerechte Zubereiten der Nahrung
   9. die Aufnahme der Nahrung

■ *im Bereich der Mobilität*
   10. das selbstständige Aufstehen und Zu-Bett-Gehen
   11. das An- und Auskleiden
   12. das Gehen
   13. das Stehen
   14. das Treppensteigen
   15. das Verlassen und Wiederaufsuchen der Wohnung

■ *im Bereich der hauswirtschaftlichen Versorgung*
   16. das Einkaufen
   17. das Kochen
   18. das Reinigen der Wohnung
   19. das Spülen
   20. das Wechseln und Waschen der Wäsche
       und Kleidung
   21. das Beheizen.

Quelle: SGB XI, § 14 Abs. 4 Satz 1–4

Diese Verrichtungen werden von der Pflegeversicherung in *Grundpflege* (Nr. 1–15) und *hauswirtschaftliche Versorgung* (Nr.16–21) unterteilt bzw. zusammengefasst.[20]

Laut Katalog gehören also nicht zur Grundpflege z. B. Haareschneiden oder Pediküre. Diese Extraleistungen müssen Sie selbst zahlen. (Wenn Sie privat versichert sind oder Anspruch auf Beihilfe haben, bekommen Sie evtl. diese Kosten erstattet).

Abzugrenzen von Grundpflege und hauswirtschaftlicher Versorgung ist die sogenannte *Behandlungspflege*.

Zur *Behandlungspflege* gehören diejenigen Leistungen, die auf Anordnung des behandelnden Arztes durchgeführt werden müssen: Verbandwechsel und Wundversorgung, Puls- und Blutdrucküberwachung, Verabreichung von Injektionen, Reinigung und Wechsel von Dauerkathetern, Medikamentenüberwachung, Blutzuckermessung, desinfizierende Pflege – z. B. künstlicher Darmausgang/künstliche Blase, ganzheitliche Pflege bei liegender Magensonde und alle sonstigen medizinischen Maßnahmen zur Erhaltung der Gesundheit, wie z. B. Prävention von Dekubitus (Druckgeschwür durch Wundliegen), Versorgung bis zur Genesung von einer solchen Verletzung. Alle erbrachten Leistungen werden dokumentiert und danach abgerechnet.

Die Auswahl eines Pflegedienstes

Wer für Angehörige die Pflegeversicherung in Anspruch nehmen muss, für den besteht der erste Schritt darin, vom Medizinischen Dienst der Krankenkassen (MDK) die Pflegestufe feststellen zu lassen. Je nach Einstufung (Stufe I bis III) gibt es das Pflegegeld (vgl. Seite 54: »Der Kampf um die Pflegestufe«). Danach kommt es darauf an, einen geeigneten Pflegedienst zu finden.

Voraus geht immer eine *allgemeine Beratung*, wie sie zum Beispiel die Sozialstationen der Wohlfahrtsverbände anbieten. Manche Kommunen haben Pflegeberatungsstellen

(Pflegebüros) eingerichtet, daneben erteilen auch die Sozialämter und natürlich die Pflegekassen erste Informationen. Dort sind in der Regel auch Adresslisten der ortsansäs-
sigen Pflegedienste erhältlich.

Um verschiedene Angebote vergleichen und eine Vor-
auswahl treffen zu können, empfiehlt es sich, zunächst
mehrere Dienste zu kontaktieren und um Informationsmaterial zu bitten. Dieses sollte Auskunft über die angebotenen Pflegeleistungen geben, außerdem eine Preisliste und
möglichst auch ein Muster des Pflegevertrags enthalten.

Ein Pflegedienst sollte über dieses Erstgespräch hinaus
zu einem kostenlosen und unverbindlichen Hausbesuch
bereit sein. Neben der fachlichen ist die menschliche Qualifikation der ambulanten Pflegekräfte entscheidend. Die
Sympathie zwischen den professionellen Betreuern, den
Betreuten und ihren Angehörigen ist eine der wichtigsten
Voraussetzungen für eine funktionierende Zusammenar-
beit in der häuslichen Pflege.

Gute Pflegefachkräfte unterstützen und entlasten Pflegebedürftige und pflegende Angehörige auf vielfache Weise.
Sie helfen nicht nur sachkundig bei der täglichen Pflege,
sondern können bei Problemen auch zur Entspannung der
Beziehung zwischen pflegenden Angehörigen und Pflegebedürftigen beitragen: Sie haben die nötige Distanz, können
manche Dinge »von außen« und aufgrund ihrer Erfahrung
besser wahrnehmen und frischen Wind in manchmal fest-
gefahrene Abläufe bringen. Sie informieren, beraten und
kümmern sich bei Bedarf um zusätzliche Hilfen.

Voraussetzung für die Auswahl eines ambulanten Pflegedienstes ist ein Überblick über die in der Umgebung ansässi-
gen privaten und institutionellen ambulanten Pflegedienste.
Adressen bekommen Sie von Ihrem Arzt, Ihrer Krankenkasse
oder von der Pflegeversicherung. In manchen Sanitätshäu-
sern liegen auch oft Listen aus (s. Anhang, Adressen).

Für die eigentliche Auswahl eines ambulanten Pflegedienstes können Sie zwei Kriterien heranziehen: die Kosten und die Qualität seiner Leistungen.

Der Kostenvergleich

Die Ihnen in Rechnung gestellten Kosten richten sich nach den Erstattungen, die das Pflegeunternehmen von der Pflegekasse bekommt. Die Summe, die ein Pflegeunternehmen erhält, errechnet sich z. B. in Nordrhein-Westfalen nach dem *Landespflegegesetz*. Hiernach werden in Nordrhein-Westfalen insgesamt 26 bestimmte pflegerische Maßnahmen unterschieden, die auch als *Module* oder *Leistungskomplexe* bezeichnet werden. Für die einzelnen Leistungskomplexe wurde der durchschnittliche Zeitaufwand erfasst und in Punktzahlen umgerechnet. Zum Beispiel bedeutet das Modul 7 *»Lagern/Betten«* und ist mit 100 Punkten versehen, Modul 9 *»Behördengänge«* ist 360 Punkte wert, und Modul 10, das *»Beheizen der Wohnung«*, ergibt 60 Punkte.[21]

Der Wert je Punkt wird von den Pflegediensten mit der Pflegekasse ausgehandelt. Durch Multiplikation der Punktzahlen mit dem ausgehandelten Punktwert, z. B. 0,045 €, ergibt sich die Vergütung der ambulanten Pflegeleistung. Achten Sie deshalb darauf, wie viel ein Dienst pro Punkt kassiert! Ein einziger Cent mehr kann große Kosten verursachen. Die Leistungen selbst müssen übrigens immer zum gleichen Preis abgerechnet werden, gleichgültig, wie lange die Verrichtung im Einzelnen dauert. Deshalb sollten Pflegebedürftige oder deren Angehörige vor Vertragsabschluss unbedingt *mehrere Kostenvoranschläge einholen*.

Genauere Informationen erhalten Sie bei Pflegeberatungsstellen. Die sind in jeder Kommune vertreten, kennen die verschiedenen Auswahlkriterien und haben Preislisten.

Sich im Vorfeld zu erkundigen lohnt in jedem Fall, denn oft sieht die Praxis so aus, dass ambulante Pflege nach einem Krankenhausaufenthalt erforderlich wird. Nicht selten bieten Krankenhäuser oder Hausärzte einen Pflegedienst an, oft den, mit dem sie einen Kooperationsvertrag haben, oder den, den Bekannte oder Verwandte betreiben. Der empfohlene Pflegedienst kann, muss aber nicht der günstigste sein. *Im Vertrag sollte stehen, wie hoch die Kostenbeteiligung der Pflegekasse und ein eventueller Eigenanteil sind.*

Zu hohe Kosten können aber auch durch einen anderen Grund entstehen, und der heißt: *Missbrauch.* Pflegeexperten sind Fälle bekannt, in denen Mitarbeiter ambulanter Pflegedienste den Bedürftigen sagten, die jeweilige Leistung dauere bei ihnen länger als die vorgeschriebene Zeit und sie müssten die zusätzliche Zeit aus eigener Tasche bezahlen. *Solche Zuzahlungen sind nicht zulässig.* Eine weitere unzulässige Methode besteht darin, den Pflegebedürftigen zu sagen, weil die Zeit für eine Leistung zu lange dauere, nähme man lieber einen anderen Leistungskomplex. Konkret: Obwohl eine *»kleine Grundpflege«* geleistet wird, steht auf der Rechnung die teure *»große Grundpflege«.* Ebenfalls ein klarer Verstoß, der Bedürftige teuer zu stehen kommen kann. Die regelmäßige Kontrolle ist daher unverzichtbar. Prüfen Sie die Ihnen zur Unterschrift vorgelegten Pflegedokumentationen. Qualitätsprüfungen der AOK in Hessen kamen 2006 zu dem Ergebnis, dass jeder zweite Pflegedienst gegenüber der Kasse falsch abrechnete.[22] Bei Ärger oder Ungereimtheiten helfen wiederum die Pflegeberatungsstellen vor Ort. Die einzelnen Regionen in Deutschland haben für solche Fälle einen Ombudsmann, der bei Beschwerden vermittelnd tätig wird.

Der Qualitätsvergleich

Die Pflegequalität von ambulanten Pflegediensten (und von stationären Pflegeeinrichtungen) wird nach Auftrag von den Verbänden der Pflegekassen im jeweiligen Bundesland vom Medizinischen Dienst (MDK) geprüft. Diese Prüfungen werden größtenteils angemeldet durchgeführt!

Der 2. Pflege-Qualitätsbericht[23] von 2007 zeigte, »dass die Pflege nach wie vor ein Qualitätsproblem hat, aus dem sich ein erheblicher Optimierungsbedarf sowohl ambulant als auch stationär ergibt. Bewährt hat sich in jedem Fall ein umfassendes Qualitätsmanagementsystem, denn entsprechende Einrichtungen weisen in der Regel deutlich bessere Pflegeergebnisse auf«.

Da es in Deutschland (noch) keine offiziellen Ranking-Listen für Pflegeeinrichtungen gibt, sind Sie bei der Einschätzung der Qualität eines Pflegedienstes vor Ort im Wesentlichen auf die Erfahrungen anderer, also auf Mundpropaganda und Ihre eigenen Recherchen angewiesen.

Vereinbaren Sie daher rechtzeitig einen Besuchstermin, um sich vor Ort einen persönlichen Eindruck zu verschaffen und Ihre Fragen, z. B. nach einem Qualitätsmanagementsystem, zu stellen.

Sollten Sie mit dem gewählten Pflegedienst schlechte Erfahrungen machen, können Sie den Vertrag natürlich kündigen und zu einem anderen Anbieter wechseln; beachten Sie aber die Kündigungsfristen![24]

2. Das Zeitproblem in der ambulanten Pflege

Einen realistischen Einblick in die ambulante Pflege und in die Bedürfnisse und Möglichkeiten beider Seiten – der Pflegekräfte und der Pflegebedürftigen – bekommt man nur dann, wenn man eine ambulante Pflegerin einen Tag

lang begleitet, so, wie es vor ein paar Jahren ein Fernseh-
team tat:

Schwester Gundi, 44, ambulante Pflegekraft eines privaten Pflegedienstes, hat es eilig. Schnell läuft sie die Treppen
hoch und runter. In der Hand den Ordner mit der Liste der
Patienten. Die erfahrene Krankenschwester hat täglich 15
Patienten zu betreuen. Sie klingelt bei Johanna B., 86 Jahre
alt. Die Tür wird von einer Nachbarin der pflegebedürftigen alten Frau geöffnet. Frau B. liegt in ihrem Krankenbett
und strahlt. *»Kommen Sie herein, ich habe Sie schon erwartet«*, sagt sie. Sie liegt im Bett, kann nicht mehr aufstehen
und ist nach einem schweren Schlaganfall total hilfebedürftig. Schwester Gundi pflegt die alte Frau und macht ihr
ein Frühstück. Während Johanna B. versucht, mit der Pflegerin ein Gespräch zu führen, sitzt diese am Tisch und füllt
die Pflege-Dokumentation aus. Schwester Gundi ist nervös.
Eigentlich möchte sie noch mit Johanna B. etwas reden.
Aber der Zeitdruck lässt das nicht zu. *»Ich muss weiter, die
anderen Patienten warten auf mich«*, sagt sie, steht auf und
verabschiedet sich von ihrer Patientin. Die Nachbarin, die
ihr geöffnet hat, bringt sie auch wieder zur Tür. Frau B. ist
wieder allein, bis der Pflegedienst das nächste Mal bei ihr
erscheint.

Krankenschwester Gundi arbeitet seit drei Jahren bei
einer privaten Hauskrankenpflege. Um über 100 zumeist
ältere Patienten kümmern sich 30 Pflegerinnen, zwei Krankenschwestern und ein Zivildienstleistender. Während die
Hauspflegerinnen die Patienten waschen, baden und beko-
chen, Einkäufe machen und die Wohnung reinigen, kontrolliert Schwester Gundi Blutdruck und Blutzucker, wech-
selt Stützstrümpfe und Verbände, versorgt Wunden und
gibt Medikamente. Eine Woche hat sie Frühschicht, eine
Spätschicht. Jede Woche wechseln die Patienten, die sie
aufsucht.

Auffallend ist, dass in allen Wohnungen Pflegebedürftiger der Fernseher läuft. Bei Antonia S., bei der sie den Blutzucker misst, philosophiert Jürgen Fliege über den Satz
»Du sollst Vater und Mutter ehren«. Bei Irmgard A., deren
Wunde die Krankenschwester neu verbindet, riecht es unangenehm in der Wohnung. Wahrscheinlich war niemand
da, um den Müll hinunterzutragen. Den Zeitdruck, unter
dem Schwester Gundi steht, lässt sie sich nicht anmerken.
In Ruhe befragt sie die Patienten, versorgt sie und füllt die
Pflegedokumentation aus. Für Gespräche, die sich die Patienten manchmal wünschen, bleibt aber keine Zeit, dafür
gibt es kein Abrechnungsmodul. Schnell, schnell – so lautet die Devise der Krankenschwestern und Pflegerinnen.

»Wir stehen fast immer unter einem erheblichen Zeitdruck«,
bestätigt die erfahrene Krankenschwester und findet das
eigentlich unzumutbar und unmenschlich. Aber, da die
Pflege nicht nach Zeit bezahlt wird, sondern nach sogenannten Modulen, den Leistungskomplexen, ist Zeit Geld.
Seit Einführung der Pflegeversicherung im April 1995 wird
jede einzelne Tätigkeit extra abgerechnet und bezahlt. Zäh-
neputzen, Haarewaschen, Einkaufen werden zur bezahlten
Dienstleistung. Die kleine Körperpflege – dazu zählen die
Teilwäsche, die Mund- und Zahnpflege und das Kämmen –
kostet 8 Euro, die große Körperpflege – hier kommen das
Rasieren, Waschen und Duschen hinzu – 16 Euro. Die Leistungen werden dem Pflegebedürftigen angeboten und ver-
kauft wie Seife, Schampoo und Waschmittel im Supermarkt.
Meldet sich ein Pflegebedürftiger bei einem Pflegedienst,
stellen die Mitarbeiter die benötigten Module zusammen,
die ihm für seine Pflegestufe bewilligt werden. Der Pflegedienst wiederum kalkuliert die Zeit, die die Pflegerinnen
aufwenden können.

»Wir müssen wirtschaftlich arbeiten«, sagt der Inhaber des
privaten Pflegedienstes, bei dem Schwester Gundi arbeitet.

Er hat seinen Pflegedienst vor genau 20 Jahren gegründet und muss sich gegenüber einer Vielzahl anderer durchsetzen. Die Arbeit der Krankenschwestern und Pflegerinnen dürfe nicht zu teuer werden, sie müssten effizient arbeiten. Da bleibt die Zuwendung auf der Strecke und nur wenig Zeit zum Reden, Zuhören und Trösten. Wenn an einem bestimmten Tag Duschen, Schrubben oder Einkaufen auf dem Plan steht, dann muss geduscht, geschrubbt oder eingekauft werden. Wenn es dem Patienten an diesem Tag aber gerade mal sehr schlechtgeht? Dann hat er Pech!

Spontaneität und Unregelmäßigkeiten vertragen sich nicht mit dem ausgeklügelten Abrechnungssystem. Wer keine Familie, keine Freunde hat, die sich um ihn kümmern, kann in seinen eigenen vier Wänden vereinsamen und verkümmern, auch wenn er körperlich versorgt und gepflegt wird. Allerdings gibt es auch ein Modul für psychologische Krisen. Wer sich ein Modul nicht leisten könne, für den springe das Sozialamt ein. Geregelt sei alles, bestätigt der Chef.

»*Die Module sind eine Katastrophe*«, findet Ilka M., 55-jährige Krankenschwester. »*Das hat mit Menschlichkeit nichts mehr zu tun, da es nur noch um Kosteneinsparung geht.*« Die Dienste müssten sich daher in erster Linie pflegeleichte Menschen heraussuchen. Die Bedürfnisse der Pflegebedürftigen würden zu kurz kommen. Die Pflegenden würden ausgebeutet und könnten ihrem Anspruch nicht gerecht werden, eine umfassende Krankenpflege zu bieten, die auch die seelischen Bedürfnisse der zu Pflegenden einschließt.

Sie fordert eine andere Philosophie: Statt von Pflege spricht sie von Assistenzbedarf. Und wer der Assistenz bedürfe, müsse nicht nur satt, sauber, trocken sein, er müsse auch seine Persönlichkeit entfalten, seinen Interessen nachgehen können. »*Alte Menschen sollen nicht dahin-*

vegetieren, auch sie haben ein Recht auf Teilhabe«, meint die couragierte Krankenschwester.

Skandalös ist die traurige Praxis des Umgangs mit pflegebedürftigen alten Menschen. Es kann nicht sein, dass es keine Zeit für die Menschen gibt, die in ihrem Leben so viel geleistet haben. Eine pflegebedürftige Frau, die jahrzehntelang für ihre Kinder da war, sollte sich am Ende ihres Lebens nicht mit streng rationierten Handgriffen des Pflegepersonals begnügen müssen.

Während in den Vereinen und Verbänden der Pflegenotstand kritisiert und diskutiert wird, zeigt das nachfolgende Beispiel von Hermann R. die traurige Realität:

Schwester Gundi besucht den 40-Jährigen, der außerhalb der Stadt wohnt, zu Beginn ihrer Schicht.

Herr R., nach einem Motorradunfall vor 16 Jahren querschnittsgelähmt, hat dunkle Augenringe. *»Drei Stunden – mehr schlafe ich zurzeit nicht«*, sagt er müde. Seit fast 15 Wochen liegt er im Bett, da er sich zu allem Unglück auch noch beide Beine gebrochen hat. Er habe chronische Schmerzen, brauche Morphium und müsse sich alle vier Stunden hinlegen, berichtet er mit leiser Stimme.

Schwester Gundi öffnet die Schienen, sucht seine Beine nach Druckstellen ab. Er hat aber auch Glück: Hermann R. braucht eine Krankenschwester, aber keinen Pflegedienst. Seine Freundin, mit der er seit 13 Jahren zusammenlebt, wohnt bei ihm, pflegt ihn, macht den Haushalt. Hermann R. wird immer wacher und beginnt zu erzählen. *»Ich muss weiter«*, sagt Schwester Gundi.

Die nächste Patientin ist Christel B., 87 Jahre und erblindet. Sie lebt zwar im Haus ihres Sohnes in der Dachgeschosswohnung, trotzdem muss sich ein fremder Pflegedienst um die blinde Mutter kümmern. Der Sohn und seine Frau sind berufstätig, die Kinder in der Schule. Frau B. ist deshalb allein im Haus. Weil niemand zum Öffnen da ist, hat Schwester Gundi auch den Schlüssel. Sie hastet die zahlreichen Treppen und Stiegen hinauf und ruft Frau B. bereits von unten entgegen, dass sie im Anmarsch ist. Frau B. freut sich über einen Menschen, der ihr Alleinsein unterbricht. Schwester Gundi pflegt sie, gibt ihr die Medikamente und kocht ihr eine Haferflockensuppe. Während Frau B. isst, füllt Schwester Gundi die Pflegedokumentationen aus. Frau B. bittet, während sie isst, Schwester Gundi darum, ihr am Nachthemd den oberen Knopf schnell anzunähen. Das bringt die Pflegekraft in einen Konflikt. *»Das darf ich nicht, weil das nicht abgerechnet werden kann und weil ich dafür auch keine Zeit habe. Der nächste Patient wartet«*, ist ihre Antwort, die sie mit schlechtem Gewissen und größtem Bedauern gibt.

Zum Schluss ist noch Alfred Z. an der Reihe. Er wohnt versteckt in einem Hinterhof. Als Schwester Gundi ihn zum ersten Mal besucht, dauert es eine Weile, bis sie seine Wohnung findet. Nicht besonders freundlich begrüßt er die Krankenschwester, da keine genaue Zeit vereinbart worden war. Alfred Z. packt sein Diabetiker-Besteck aus, sie berät ihn und erklärt ihm die Handhabung der Insulin-Spritze. Langsam hellt sich seine Stimmung auf. Schnell hat Schwester Gundi alle Papiere ausgefüllt, alle Dokumentationen unter Dach und Fach. *»Ich muss los«*, sagt sie und nimmt ihre Tasche.

3. »Schwarzmarkt Altenpflege«

Es wird fast jeden treffen, wenn er nur alt genug wird: Ohne Hilfe oder Pflege geht es irgendwann nicht mehr. Aber wer wird dann zupacken? Die Familienmitglieder fühlen sich schnell überfordert oder haben sich untereinander vielleicht entfremdet.

In jeder Tageszeitung gibt es solche Kleinanzeigen:

>*Suche für meine Mutter ab sofort häusliche Pflegekraft. Sie ist 72 Jahre alt und hat Zucker und Krebs. Wir möchten unsere Mutter so lange wie möglich in ihrer gewohnten Umgebung lassen. Leider ist sie sehr vergesslich geworden.*< Oder: >*Suche dringend für die Betreuung unseres Großvaters, nicht bettlägerig, eine Hilfe für den Haushalt. Deutsch-Grundkenntnisse erwünscht.*<

Diese Anzeigen spiegeln ein Problem wider, mit dem Zehntausende Familien in Deutschland zu kämpfen haben. Ihre betagten Angehörigen erhalten durch die Pflegeversicherung Geld für den >*Pflegeaufwand*<, der die Grundpflege und die hauswirtschaftliche Versorgung umfasst (s. Seite 54: >Der Kampf um die Pflegestufe<). Die Erstattungen der Pflegeversicherung decken aber nicht die tatsächlichen Kosten ab. Für die >*hauswirtschaftlichen Tätigkeiten*< müssen die Familien in der Regel aus der eigenen Tasche bezahlen.

Früher waren diese >zugekauften< hauswirtschaftlichen Leistungen, zumindest bei den kirchlichen Institutionen wie Caritas oder Diakonie, noch bezahlbar, was diesen allerdings steigende Verluste bescherte. Die Finanzlücken stopften die Kirchen mit Kirchensteuermitteln. Doch auch Caritas und Diakonie müssen in Zeiten zurückgehender Kirchensteuereinnahmen nun genauer aufs Geld achten und betriebswirtschaftlich arbeiten. In der Konsequenz bedeutet das höhere Preise für die Dienstleistungen.

Betroffene Familien trifft das hart. Die Betreuung alter Menschen ist für viele Familien zu teuer, denn sie haben nicht nur damit zu kämpfen, dass die Qualität der Pflege oft zu wünschen übrig lässt. Besonders kritisch wird es, wenn Eltern eine >Rundum-Pflege< brauchen. Die einzige Lösung ist dann häufig nur noch eine hauswirtschaftliche

Kraft oder Pflegekraft aus Osteuropa für ca. 900 bis 1200 Euro, zuzüglich freie Kost und Logis.

Was geschieht, wenn man plötzlich selbst von der Frage »Wohin mit den pflegebedürftigen Eltern?« betroffen ist? Diese Frage platzte auch in das Leben eines Journalisten, dessen Mutter mehr als fünf Jahre den pflegebedürftigen Vater versorgte und plötzlich an einem Herzinfarkt starb. Es gab keine Zeit für Trauer, weil dringend eine Lösung für den pflegebedürftigen Vater gesucht werden musste. Der von dieser Situation überrollte Journalist schreibt sich anonym alles, was er bei der Suche nach einer guten Versorgung seines Vaters erlebte, von der Seele, denn die Lösung, die er schließlich für die Pflege seines Vaters fand, ist illegal.[25]

> »Ich habe etwas Illegales getan, bzw. ich tue es immer noch. Mein Vater wird gepflegt von einer Frau aus Polen, die ist nicht angemeldet, das ist Schwarzarbeit, und ich kann natürlich nicht riskieren, dass mein Name bekannt wird, sonst riskiere ich, dass die Polizei oder wer auch immer mal nach dem Rechten sieht.«[26]

Zu dieser Lösung ist der Autor aus zwei Gründen gekommen:

1. Seine Suche nach einem Heim, das eine menschenwürdige Unterbringung seines Vaters gewährleistete, war erfolglos.
2. Die Kosten einer Rundum-Betreuung waren für ihn unbezahlbar.

Über die Pflegeheime schreibt er:
»Es waren erschreckende Bilder. Menschen, die vor sich hin stierten, ich sah Flure, Zimmer ohne irgendetwas Freundliches darin. Lieblose Einrichtungen, kahle Wände. Ich habe

*Pfleger gesehen, die ganz barsch mit den ihnen anvertrau-
ten alten Menschen gesprochen haben. Es hat mir wirklich
die Kehle zugeschnürt. Ich fand das ganz, ganz schlimm.
Und der Gedanke, mein Vater soll da sein, der war mir uner-
träglich.«*[26]

Wer sich in einer solchen Situation befindet, für seine
Eltern entscheiden zu müssen und eine bezahlbare Pflege
zu finden, dem gehen viele Fragen durch den Kopf. Warum
war das Thema Pflege in der Familie nie ein Thema gewesen? Man sprach ja sonst offen über alles. Drückte man
sich einfach, weil die Angst zu übermächtig ist, vielleicht
selbst einmal ein Pflegefall zu werden? Mit dem Tod ist
alles zu Ende. Aber Pflege bedeutet Schmerz, Siechtum, unangenehme Gerüche.

Anonymus schreibt weiter:
*»Meine interessanteste Erfahrung dabei war eigentlich, dass
ich mit meinen Eltern über das Thema Tod, dass sie eines
Tages sterben könnten, durchaus gesprochen habe, aber über
das, was vielleicht davor sein könnte, nämlich eine Pflege-
situation, darüber haben wir nicht geredet. Und ich behaupte
heute: Die Pflege ist ein größeres Tabu als der Tod.«*[26]

Was tun, wenn die Pflegeheime, die man besichtigt, sich
als Verwahranstalten entpuppen, in denen der Vater res-
pektlos mit einem *»Na, wie geht's uns heute, Opa?«* begrüßt
wird und für ihre *»Dienste«* auch noch sehr viel Geld gefordert wird? Wenn man herausfindet, dass pro Schicht
zwei Pfleger für 25 Menschen verantwortlich sind und
dank des minutiös aufgestellten Pflegeplanes keine Zeit für
Trost und Menschlichkeit bleibt? Hinzu kommt, dass die
meisten Pflegeheime gewinnorientiert arbeiten und es sich
für Heime lohnt, die Kranken nicht etwa gesundzupflegen,

sondern auf die Pflegestufe 3 hinzuarbeiten, um noch mehr Geld zu bekommen.

Die Idee, einen privaten Pflegedienst für eine Rundum-Betreuung zu engagieren, musste auch von dem betroffenen Autor angesichts der Kosten von bis zu 10 000,– Euro im Monat als unrealistisch verworfen werden.[27]

Am Ende der Suche nach bezahlbarer Betreuung und Versorgung hält eine polnische Krankenpflegerin in der Familie Einzug, mit deren Unterstützung der Vater aufblüht und neue Lebenskraft entwickelt.

Ein Pflegefall kann jede Familie treffen, und dieses Schicksal greift gravierend in das Alltagsleben Betroffener und deren Angehöriger ein. Hinzu kommt, dass angesichts der zunehmenden Kinderlosigkeit die Pflege in der Familie immer mehr zum Auslaufmodell wird. Staatliche oder private Initiativen werden infolgedessen zum Regelfall werden. Wohl dem, der sich dann noch eigenmächtig auf die Suche nach einer adäquaten Lösung machen kann!

Tatsache ist, dass eine 24-Stunden-Pflege (z. B. wegen eines Schlaganfalls oder wegen Demenz) für Normalbürger kaum mehr finanzierbar ist. Viele Betroffene und Angehörige greifen dann – wie der zitierte anonyme Autor – auf ausländische Pflegerinnen zurück. Aber das ist Schwarzarbeit und daher strafbar.

Wer den Begriff »Schwarzarbeit« hört, denkt spontan an Handwerker, die preiswert ihre Dienste anbieten, unversichert und an der Steuer vorbei. Seit einigen Jahren floriert auch in der Pflege von Familienangehörigen die Schwarzarbeit. Billige Pflegerinnen aus Polen, Ungarn, Tschechien oder Slowenien leben in deutschen Haushalten und kümmern sich dort 24 Stunden am Tag um pflegebedürftige Angehörige. Verglichen mit dem, was ein ambulanter deutscher Pflegedienst kostet, sind sie konkurrenzlos billig.

Zuständig für das Aufspüren solch illegaler Beschäfti-
gungsverhältnisse sind die Hauptzollämter. Allerdings ist
deren Erfolgsquote relativ gering. Die Beamten sind voll
ausgelastet mit dem Aufdecken von Schwarzarbeit am Bau.
Zudem lässt sich illegale Pflege oft kaum nachweisen, der
häusliche Bereich ist ein geschützter Raum, in den ohne
richterliche Verfügung nicht eingedrungen werden darf.
Doch wer angezeigt wird, muss mit harten Strafen rechnen, wenn die illegale Pflegerin entdeckt wird.

Eine legale Alternative versprechen Agenturen, die hil-
fesuchenden Familien Kontakte zu ausländischen Pflege-
dienstunternehmen vermitteln. Wer einen Vertrag mit einer
ausländischen Pflegefirma abschließt, bekommt dann eine
fest angestellte Pflegerin in die Familie entsandt. Die Pflegerin ist in Polen ordnungsgemäß angemeldet, zahlt dort
Steuern und Sozialabgaben. Alle drei bis sechs Monate wird
sie ausgewechselt, doch mehr als zwei bis drei unterschiedliche Pflegerinnen arbeiten nie abwechselnd in einer Familie. Die Unternehmen werben damit, diese Form des Ver-
trages sei rechtmäßig, weil sie als polnische Firmen die
Dienstleistungsfreiheit innerhalb der EU genießen würden. Sie könnten ihre Mitarbeiter überall innerhalb der EU
arbeiten lassen.

Die deutschen Behörden sehen das Dilemma, in dem
Angehörige von Pflegebedürftigen stecken. Gleichzeitig sollen aber auch die Preise auf dem Pflegemarkt durch die billige Konkurrenz aus dem Osten nicht unterlaufen werden.
Seit dem 1.1.2005 dürfen daher Frauen aus Osteuropa in
deutschen Haushalten arbeiten, aber nur als *Haushalts-
hilfen*. Die Frauen leben, wie die illegalen Pflegerinnen
auch, 24 Stunden mit den zu pflegenden Personen zusammen – *pflegen dürfen sie sie allerdings nicht*! Nur haushalts-
nahe Tätigkeiten wie Waschen, Einkaufen, Bügeln, Kochen
oder Putzen sind erlaubt.

So ist immer jemand im Haus, den der Pflegebedürftige ansprechen oder auch mal um Hilfe bitten kann. Und das entlastet pflegende Angehörige ungemein, die sich ansonsten schwertun, das Haus auch einmal zu verlassen.

Hilfen aus dem Ausland können das Gewissen der Kinder entlasten, aber wer fragt danach, wie sich betroffene Eltern dabei fühlen?

Hier die Wahrnehmung einer alten Frau:
»Haben Sie jemanden, der Sie zu Hause versorgt? Diese Frage bekam ich immer wieder von meinem Hausarzt gestellt und habe sie lange Zeit von mir weggeschoben. Ich lebe seit dem Tod meines Mannes vor fünf Jahren allein. Aber das darf ich nicht sagen, denn damit schaffe ich die Voraussetzung dafür, dass man mich in ein Pflegeheim steckt. Meine Kinder wohnen weit entfernt, und ihnen möchte ich in keinem Fall zur Last fallen. Die haben selbst mit sich, ihrem Beruf und ihrer Familie zu tun. Ich liege seit fünf Monaten im Krankenhaus, habe zwei Magenoperationen hinter mir, Bauch- und Lungenpunktionen, mein Körpergewicht ist halbiert, ich habe keine Muskeln mehr, ich kann mich nur mit Hilfe aufsetzen, ein paar Schritte gehen. Ich kann mein Leben nicht mehr selbst organisieren.

Zu der Sozialarbeiterin der Klinik, die mich gefragt hat, sage ich: ›Ja, ich werde versorgt. Mein Hausarzt findet für mich eine Pflegerin, die sich rund um die Uhr um mich kümmert.‹ Eine unbekannte Frau, von der ich nicht weiß, wie alt sie ist, wie sie aussieht, nicht mal, ob sie Deutsch kann. Ein paar Tage liege ich vor meiner Entlassung noch in der Klinik. Ein paar Nächte, in denen ich an zu Hause denke und an meine Welt von gestern.

Alles liegt vor mir wie eine unüberwindliche Mauer, eine tiefe Traurigkeit, ein furchtbar schwerer Abschied. Von wem? Von mir selber. Eigentlich habe ich Glück, dass man so schnell jemanden für mich gefunden hat. Aber Glück – was ist das? Glück wäre, wenn ich ganz normal auf meinen zwei Beinen nach Hause gehen und mein Leben – wie bisher – selbstständig weiterleben könnte. Ich kann es nicht mehr und bin von fremder Hilfe abhängig. Im Krankenhaus hilflos zu sein ist eine andere Sache. Aber in den eigenen vier Wänden? ›Wir stellen dein Bett ins Wohnzimmer‹, sagt meine Tochter. Mein schönes neues Sofa muss hinaus, dafür zieht ein Rollstuhl mit ein. Meine Bücher werden da sein, meine Bilder. Ich darf nicht jammern. Für meine Situation trägt niemand die Schuld.

Meine Pflegerin heißt Marika. Sie ist achtundvierzig und kommt aus Ungarn. Vier Wochen wird sie bleiben, dann kommt eine Kollegin aus demselben Dorf wie sie, ist auch vier Wochen da, bis Marika wieder eintrifft. Bei dem Turnus soll es bleiben.

Wenn ich mitten in der Nacht die Toilettenschüssel brauche, steht sie Sekunden später im Schlafanzug an meinem Bett und hebt mich hoch, wäscht mich, bringt mir ein Glas Wasser. Die andere Pflegerin heißt Maria. Sie sprechen beide gut Deutsch, sie sind beide gleich nett und geduldig. Ich habe Glück gehabt, großes Glück. Sie kochen ungarisch, mir zuliebe mit etwas weniger Paprika. Ich habe früher gern gekocht. Ich habe so vieles gern gemacht, was ich nun nicht mehr tun kann.

Das Gefühl der Hilflosigkeit bleibt mein großer seelischer Schmerz. Aber es gibt auch Tage, an denen ich mich glücklich fühle, auf eine eigenartige Weise befreit. Ich muss meine Einstellung verändern, vergessen, dass ich ans Bett gefesselt bin, und dankbar sein für meine klaren Gedanken, mit deren Hilfe ich Grenzen überwinden kann.«

KAPITEL 4

Stationäre Altenpflege

Wenn Altenpflege dauerhaft in besonderen Einrichtungen außerhalb des häuslichen Umfeldes vollzogen wird, sprechen wir von stationärer Altenpflege.

1. Einrichtungen der stationären Altenpflege[28]

Stationäre Altenpflege wird von »*Altenpflegeheimen*« angeboten. Sie bieten Verpflegung, Betreuung und Pflege an. Altenpflegeheime sind für pflegebedürftige Menschen gedacht, zum Beispiel verwirrte Menschen oder ständig Bettlägerige, die rund um die Uhr Pflege bzw. Betreuung brauchen.

Von »*Altenpflegeheimen*« sind »*Altenheime*« zu unterscheiden. Ein »Altenheim« ist eine Wohneinrichtung zur Verpflegung und Betreuung alter Menschen. Die Bewohner eines Altenheims führen noch ein relativ selbstbestimmtes Leben. Es wird aber kein eigener Haushalt geführt, d. h., sie nehmen Dienstleistungen wie Putzen und Aufräumen des Zimmers, Versorgung mit Essen und Wäsche usw. in Anspruch. Einem Altenheim kann – muss aber nicht – eine Pflegestation angeschlossen sein, in der also dann auch Pflege angeboten wird.

Gleichbedeutend mit »Altenheim« sind die Begriffe »*Seniorenheim*«, »*Altenstift*«, »*Seniorenresidenz*«. Auch hier handelt es sich um Wohnanlagen, in denen alte Menschen bei den alltäglichen Verrichtungen des Lebens unterstützt und mehr oder weniger umfassend versorgt und im Fall der Pflegebedürftigkeit auf einer angegliederten Pflegestation gepflegt werden können.

Verwirrend ist die Vielzahl bedeutungsgleicher Begriffe. In den 80er Jahren nannte man diese Einrichtungen *Wohnstifte*, in den 90ern *Residenzen,* und inzwischen sind neue Wortprägungen wie *Casa Sana*, *Wohnpark* oder *Villa Cura* gebräuchlich.

Abzugrenzen von Altenpflegeheim und Altenheim mit angeschlossener Pflegestation ist das »*Altenwohnheim*«. Hier steht das Wohnen im Vordergrund, Verpflegung wird bei Bedarf angeboten. Der Begriff »Altenwohnheim« ist inzwischen meist durch »*Betreutes Wohnen*« ersetzt worden.

Da es in diesem Kapitel um die stationäre Pflege geht, beziehe ich mich lediglich auf die Altenpflegeheime und die Altenheime mit angeschlossener Pflegestation bzw. ihre Synonyme. Diese Formen der stationären Altenpflege sind gemeint, wenn im Weiteren der Einfachheit halber von »Heimen« gesprochen wird.

Zu den Einrichtungen der stationären Altenpflege gehören auch deren Träger: Träger einer Pflegeeinrichtung, also eines Heims, ist die Organisation, die für den Betrieb der Einrichtung verantwortlich ist. Es gibt unterschiedliche Gruppen von Trägern, die Einrichtungen der Altenpflege betreiben:

- Öffentliche Träger (Städte und Gemeinden)
- Kirchliche Träger (Caritas und Diakonie)
- Freigemeinnützige Träger: Arbeiterwohlfahrt (AWO), Paritätischer Wohlfahrtsverband (DPWV), Deutsches Rotes Kreuz (DRK)
- Privat-gewerbliche Träger: Hier wird das Heim von Privatpersonen (einzelnen oder mehreren) beziehungsweise Gesellschaftern (GmbH) betrieben.

Die Rahmenbedingungen für die Anerkennung und Finanzierung der Pflegeeinrichtungen werden in Deutschland durch das SGB (Sozialgesetzbuch), Abschnitt XI (Pflegeversicherungsgesetz), bestimmt. Die Kontrolle der Altenheime und Altenpflegeheime erfolgt durch die sogenannte Heimaufsicht (oft angesiedelt bei den Stadt- oder Kreis-Sozialämtern, aber auch bei den Gesundheitsämtern). Die staatliche Heimaufsicht wie auch der MDK (Medizinischer Dienst der Krankenkassen) sind zuständig für die fachliche Überprüfung der Pflegequalität. Im Rahmen der Pflegeversicherung und im Heimgesetz gibt es dazu Rahmenbestimmungen und teilweise Mindeststandards (s. Seite 137: »Die Kontrolle der Pflege in Heimen«).

2. Die Notwendigkeit stationärer Pflege

Wenn die körperlichen und geistigen Kräfte der älter werdenden Eltern nachlassen und es daran erkennbar wird, dass sie ihren Haushalt nicht mehr eigenständig führen können, werden sie zum überwiegenden Teil von der Familie, insbesondere den Töchtern, unterstützt und betreut. Als Ergänzung kann die Familie ambulante Pflegedienste organisieren.

Wie bereits ausgeführt wurde, sind die körperliche und psychische Energie der Pflegenden in Abhängigkeit von der Eltern-Kind-Konstellation und dem Verlauf des Alterungsprozesses irgendwann aufgebraucht. Dann bleibt nur noch je nach Pflegebedürftigkeit der Weg ins Altenheim oder ins Altenpflegeheim. Kinder, die aus räumlichen, zeitlichen oder anderen Gründen ihre Eltern nicht pflegen können oder wollen, stehen früher vor dieser Frage, z. B.

Irene, 52:

»*Unsere Mutter führte bis jetzt einen eigenen Haushalt und kochte und putzte – alles normal. Jetzt hat Mutter Alzheimer, und wir können sie einfach nicht mehr alleine lassen, weil sie sich selbst zur Gefahr wird. Da meine Geschwister und ich weit weg wohnen und darüber hinaus berufstätig sind, kann niemand eine ambulante Pflege zu Hause übernehmen. Wir sind gezwungen, ein passendes Heim zu finden.*«

Eltern in ein Pflegeheim zu geben gehört wahrscheinlich zu den schwersten Entscheidungen der Kinder, denn niemand tauscht gern sein Zuhause mit einem Heimplatz, weshalb diese Entscheidung bei den Kindern regelmäßig ein schlechtes Gewissen hervorruft. Im Übrigen ist solch ein Schritt in aller Regel nicht umkehrbar (s. Seite 128: »Die Angst vor dem Heim und das schlechte Gewissen der Kinder«).

Um diese Entscheidung zu rechtfertigen, müssen daher schwerwiegende, unabweisbare Gründe vorliegen:

- Eine familiäre Pflege ist nicht (mehr) möglich,
  - weil Ihre Wohnung oder die des Pflegebedürftigen dafür nicht geeignet ist oder weil die Wohnungen örtlich zu weit auseinanderliegen,
  - weil Sie für die Pflege, z. B. aus beruflichen Gründen, zu wenig Zeit haben,
  - weil die Pflege von Ihnen wegen Überforderung oder Krankheit nicht mehr weitergeführt werden kann.
- Die ambulanten Pflegedienste reichen nicht aus oder sind zu teuer, um den zu Pflegenden hygienisch, medizinisch und hauswirtschaftlich adäquat zu versorgen. Das Geiche gilt für vertraglich gebundene private Haushalts- bzw. Krankenpflegerinnen.

■ Eine stationäre Altenpflege ist schließlich bei Demenz, Lähmung (häufig nach Schlaganfall) und/
oder dauernder Bettlägerigkeit angezeigt und/oder,
wenn regelmäßig eine Rundum-Pflege erforderlich
ist.

3. Der Alltag in Heimen

Die Lebensqualität in Heimen

Ich habe viele Pflegeheime in verschiedenen Städten kennengelernt, weil ich bereits viele alte Menschen – bekannte
und fremde – in ihrer letzten Lebensphase begleitet habe.
Ich habe alle diese Bilder von Pflegestationen im Kopf und
vor allem die Gerüche. Und egal, ob die Heime als »Senio-
renresidenzen« oder in Spanien »Haus des dritten Alters« eti-
kettiert werden, die Pflegestationen sehen überall gleich
trostlos und deprimierend aus.

Wer sich als Noch-nicht-Alter aus der hektischen, be-
triebsamen Welt in ein Altenpflegeheim verirrt, betritt eine
»andere Welt«.

Gisela, die alte Menschen besucht, die keine Angehörigen
mehr haben, schildert ihre Eindrücke:
*»Bei meinem ersten Besuch war ich von der bedrückenden,
hoffnungslosen Atmosphäre regelrecht geschockt. Ein älterer
Mann im Rollstuhl, der mir entgegenkam, drehte kurz den
Kopf herum. Ich ging über den langen Flur, vorbei an mehreren Zimmern mit hoher Pflegestufe. Zwei Pflegerinnen wollten gerade das Zimmer verlassen, in das ich hineingehen
wollte. Sie verabschiedeten sich mit fröhlichem Lachen von
der alten Dame. Das Lachen ist ihr zum Glück noch nicht
vergangen!, dachte ich. Dabei ist ihre Situation ziemlich*

deprimierend: Dauerpflege wegen einer Vielzahl körperlicher
Gebrechen. Nur der Geist ist noch fit. Lesen kann sie – und
tut sie! Ich höre ihr zu, wie sie von ihren Erfahrungen im All-
tag des Heims berichtet. Ich staune über ihre Offenheit und
ihren Humor, trotz ihrer Situation. Als ich das Altenheim
nach dem Besuch meiner alten Dame verließ, war ich erfüllt
von Dankbarkeit. Ich stellte mir die Frage, ob ich wohl mit
87 auch noch so gut drauf bin, trotz absoluter Hilflosigkeit.
Auf dem Heimweg führte mein Weg wieder an den üblichen
Werbeplakaten vorbei: Spaß haben, teure Autos fahren,
Handy der Marke xy kaufen! Ich tauchte wieder ein in die
andere Welt mit Spaß ohne Ende, zu deren Zielgruppe die
Alten nicht mehr gehören!«

Auch meine Tante Gertrud war ein Beispiel dafür, dass es
möglich ist, das Leben im Heim zu akzeptieren und sich
damit zu arrangieren.

Sie, eine unverheiratete Lehrerin, lebte nach einem
Oberschenkelhalsbruch und einem anschließenden Schlag-
anfall zehn Jahre in einem Altenpflegeheim, bis sie im
Alter von 90 Jahren starb. Dabei hatte sie es noch gut ge-
troffen, denn das Heim lag mitten in der Stadt, und diese
Einrichtung gehörte sicherlich zu den eher gut geführten
Häusern. Sie bewohnte ein kleines möbliertes Zimmer mit
Nasszelle und einem winzigen Balkon. Um aus dem Bett zu
kommen, brauchte sie die Hilfe einer Pflegerin.

Auch meine Tante Gertrud war – bis auf die letzten
Jahre – geistig rege, und es machte Spaß, sich mit ihr über
alte Geschichten von früher auszutauschen. Darüber hinaus war sie privilegiert, denn sie hatte Geld, und so ließ sie
sich von ihren Besuchern im Rollstuhl zu ihrem geliebten
Fischrestaurant oder in ein Café fahren und bezahlte dann
für alle. Ich habe sehr schnell begriffen, dass es die schlech-
teste aller Kombinationen ist, alt, krank und arm zu sein.

Das Essen im Heim schmeckte ihr nicht besonders, aber sie unterließ es, sich darüber zu beschweren, denn sie wusste: *»Das kriegt man dann zu spüren!«*

Wie wir wissen, ist der Mensch zu großen Anpassungsleistungen fähig. Um sich in der »anderen Welt« hinter den Mauern eines Altenheims ein Mindestmaß an Lebensqualität zu bewahren, hilft nur ein auf das Positive ausgerichteter Geist, vorausgesetzt, man ist »nur« körperlich hilfsbedürftig und nicht schon verwirrt. Zu schwer sind sonst die *Einschränkungen* zu ertragen, die mit dem Leben in einem Heim verbunden sind:

Die Isolation
Die Freunde von früher melden sich kaum noch, und wenn die Kinder überhaupt kommen, spürt man, dass es Pflichtbesuche sind, die möglichst schnell absolviert werden. Das Fernsehen ist noch die einzige Brücke zur Außenwelt.

Der Verlust der Autonomie (Selbstständigkeit)
Als ständig Pflegebedürftiger ist man nicht nur den Regeln des Heims, sondern vor allem dem guten Willen des Personals unterworfen. Es gibt keine Bewegungsfreiheit mehr. Selbst zur Toilette kann man oft nicht allein gehen.

Der Verlust der Menschenwürde
Es gibt sicherlich Pflegeheime, in denen das Leben lebenswert und keineswegs entwürdigend ist. Oft geht es alten Menschen dort besser als zu Hause. Aber es gibt zu viele »schwarze Schafe« in der Branche, und deshalb kommt es darauf an, die richtige Einrichtung für sich selbst oder seine Angehörigen zu finden. Voraussetzung für ein Leben in Würde bis zuletzt ist die Einhaltung der Menschenrechte im Altenheim. Was eigentlich eine Selbstverständlichkeit sein sollte, muss in vielen Heimen – nicht in allen –

von den Angehörigen immer wieder eingefordert werden. Arm dran sind Menschen, die keine Angehörigen
mehr haben, die bei Missständen einschreiten (s. Seite 137:
»Die Kontrolle der Pflege in Heimen«).

Hier einige Beispiele für Missstände:

Wenn statt langwierigen »Fütterns« einfach eine Magensonde gelegt wird, wenn Katheter gesetzt werden, obwohl
der alte Mensch durchaus noch mit ein bisschen Hilfe zur
Toilette gehen könnte, wenn es statt Zuwendung Beru-
higungsmittel gibt, dann sprechen Kritiker des Pflegenot-
stands in deutschen Altenheimen, wie der Münchener
Sozialarbeiter Claus Fussek, von menschenunwürdigem
Handeln und Körperverletzung.[29]
Verdeckt gedrehte Amateuraufnahmen aus einem Heim
zeigen erschütternde Bilder. »Fast alle alten Menschen
sind festgebunden und somit zum Dahindämmern ver-
urteilt. Menschen – abgestellt und alleingelassen. ... Zum
Beispiel versucht eine an einem Rollstuhl angebundene
Frau, »rauszukommen«, aber sie schafft es nicht. Für uns ist
das ein klarer Verstoß gegen die Menschenwürde, das
sind Menschenrechtsverletzungen, und das ist Freiheits-
beraubung.«[30]

Elly, 51:
»Meine Mutter, 84, ist Diabetikerin und darauf angewiesen, kleine Zwischenmahlzeiten angeboten zu bekommen. In
ihrem Pflegeheim werden aber nur drei Mahlzeiten am Tag
ausgeteilt. Es ist aber für alte Leute, die nicht viel essen, ganz
wichtig, dass man ihnen Zwischenmahlzeiten anbietet. Ich
habe beobachtet, dass der dementen Zimmergenossin meiner
Mutter einfach Essen und Trinken hingestellt und nach einer
Stunde wieder abgeholt wurden, obwohl vielleicht gar nichts

angerührt war, weil der Kranke, aus seiner Demenz heraus,
gar nicht verstanden hat, dass er das Essen selber nehmen
kann.«

Nach einer Schätzung des DIET (Deutsches Institut für Er-
nährungsmedizin und Diätetik) aus dem Jahr 2000 sterben
an den Folgen des Dekubitus jährlich etwa 10 000 Kranke.
In den letzten Jahren wurden ebenfalls Untersuchungen
der Institute für Rechtsmedizin durchgeführt. Danach ergab sich, dass etwa die Hälfte der schweren Geschwüre aus
dem Pflegeheimbereich kommt, 11,5% aus Krankenhäusern und ca. ein Drittel aus der Pflege zu Hause.[31]
    Es ist auch zu fragen, wo denn die Menschenwürde
bleibt, wenn man den Alten ihr bisschen Zusatztaschen-
geld streicht, das ihnen bisher zustand. Das heißt, für diejenigen, die keine Ersparnisse haben, ist Schluss mit dem
Tässchen Kaffee beim Spaziergang. Ist es mit der Menschenwürde vereinbar, dass ein alter Mensch, der sein
Leben lang hart gearbeitet hat, völlig mittellos ist und
nicht einmal ein Trinkgeld für eine besondere Pflegeleistung geben kann? Im Alter muss jede Handreichung bezahlt werden!

Der Verlust der Identität

Zur eigenen Identität gehören alle die Dinge, die einen zu
Hause umgeben: z. B. die Bücher, die Bilder, ein Klavier, die
Teppiche, die vertraute Küche, kurz: die ganze Art und
Weise, wie man sich über die Jahre eingerichtet hat. Dieses
persönliche Umfeld will man nicht aufgeben, es ist Teil der
eigenen Persönlichkeit geworden. Im Heim bricht das alles
weg. Wenn Sie überhaupt Möbel mitbringen dürfen, dann
vielleicht einen Sessel, einen Sekretär. Dann bleiben ein
paar Fotos auf dem Nachttischchen und ein persönliches
Bild an der Wand.

Die Hoffnungslosigkeit

Man weiß, dass sich die Lebensqualität nicht mehr verbessert, sondern eher verschlechtert. Man wird aus diesem Heim bis zum Tod nicht mehr herauskommen. Es ist also schlimmer als im Gefängnis, denn dort besteht nicht nur Hoffnung, sondern Gewissheit, dass man nach Verbüßung der Strafe wieder freigelassen wird. Ein Heim dagegen bedeutet für einen Pflegebedürftigen die absolute *Endstation*.

Wer ein schonungsloses Buch über die Zustände in einem Altenheim lesen möchte, dem empfehle ich den autobiografischen Roman »*Drei Tage im Juli*« von Patrick T. Westhouse.[32] Der Autor beschreibt als Praktikant Oliver während seiner ersten drei Tage in einem Altenheim detailgenau, wie alte Menschen gepflegt werden, wie regelmäßig die Heimaufsicht getäuscht wird und welche Interessen die Heimbetreiber verfolgen.

Ein Besuch in einem Altenheim kann helfen, die eigene Situation in neuem Licht zu sehen. Jedes Mal, wenn mein Mann und ich Tante Gertrud besuchten, sagte er: »*Gott bewahre, dass es uns eines Tages auch so geht!*«

Gewalt in Heimen

Dass es in Gefängnisanstalten Gewalt gibt, ja auch in manchen Familien, das wissen wir. Aber dass auch dort Gewalt angewendet wird, wo hilfsbedürftige alte Menschen gegen viel Geld gepflegt werden, das können wir kaum glauben.

Gewalt kommt jedoch fast in allen Heimen vor. Hierbei handelt es sich um ein äußerst komplexes Problem, denn es gibt nicht nur die Gewalt gegen die zu Pflegenden. Auch von ihnen kann Gewalt gegenüber den Pflegenden ausgehen. Dieses Verhalten führt dann wiederum zu »entsprechenden Maßnahmen« der Pflegekräfte.

Gewalt gegen die Pflegebedürftigen
»Das genaue Ausmaß von Gewalthandlungen in Alten-
und Pflegeheimen ist nicht bekannt, die Dunkelziffer wird
jedoch vom Kuratorium Deutsche Altershilfe (KDA), dem
Deutschen Berufsverband für Altenpflege (DBVA) und dem
Sozialverband Reichsbund (RB), die sich schon 1998 in
einer gemeinsamen Initiative gegen Gewalt in Pflegeheimen zusammengeschlossen haben, als sehr hoch einge-
schätzt. Genaue Zahlen oder Untersuchungen dazu liegen
nicht vor, denn aus Angst vor Repressalien schweigen die
betroffenen Opfer, ihre Angehörigen und auch Mitarbeiter
oft.«[33]

Welche Formen von Gewalt[34] gibt es in Heimen?

»1. die unmittelbare körperliche Gewaltanwendung, d. h.
    etwa jemanden schlagen, stoßen, an den Haaren
    ziehen; ...
2. verbale Gewaltanwendung, d. h. Beschimpfungen,
   Beleidigungen, Drohungen;
3. der missbräuchliche Einsatz von Medikamenten,
   hier ist insbesondere an die Verabreichung von Seda-
   tiva – also von Beruhigungsmitteln – und von Neu-
   roleptika – d. h. von starken Psychopharmaka – zu
   denken, die in erster Linie nicht dem Wohl des Be-
   wohners dienen, sondern dem Aufrechterhalten von
   Betriebsabläufen;
4. die missbräuchliche Anwendung freiheitsentziehen-
   der oder einschränkender mechanischer Mittel wie
   Bauchgurte, Bettgitter, wie das Einsperren von Bewohnern;
5. die Durchführung von Maßnahmen, die unter pflegerischen und medizinischen Gesichtspunkten verzicht-
   bar wären; hierzu gehören die oftmals von Familienangehörigen berichteten Fälle, in denen Dauerkatheter

oder Magensonden gelegt wurden, ohne dass vom Gesundheitszustand des Betroffenen her so etwas unumgänglich gewesen wäre;

6. die vorsätzlich oder grob fahrlässig unsachgemäße Durchführung pflegerischer Maßnahmen; hierzu gehören Fälle, wie sie gelegentlich berichtet werden, dass z. B. ein Zivildienstleistender ohne hinreichende Einweisung angewiesen wird, bei Bewohnern schwierige Pflegemaßnahmen – etwa wie Blasenspülung – vorzunehmen;

7. schließlich das Unterlassen oder Verzögern pflegerischer Maßnahmen, d. h., einen Pflegebedürftigen nicht zur Toilette bringen, Bettwäsche oder Leibwäsche nicht wechseln, ihm beim Essen nicht die Hilfe zuteil werden lassen, die er braucht, ihm nicht genug zu trinken geben.«

Viel öfter als offene Gewalt findet subtile Gewalt statt, z. B. Verletzung des Schamgefühls, mangelnde Ernährung, hygienische Verwahrlosung, verbale Attacken. Auch wenn Patienten ungefragt geduzt werden oder ihnen Redeverbot erteilt und Zuwendung entzogen wird, ist Aggression im Spiel.

Gewalt gegen Pflegepersonal

Die Lebensbedingungen alter Menschen in Heimen sind in der letzten Zeit zunehmend in den Mittelpunkt des Interesses der Medien wie der Öffentlichkeit gerückt. Was aber immer noch tabuisiert wird, ist die Gewalt gegen Pflegekräfte. Durch einseitige Berichterstattung der Medien zugunsten der pflegebedürftigen Menschen wird ein negatives Meinungsbild des Pflegepersonals in der Öffentlichkeit geformt. »Todesengel« machen stets bundesweit Schlagzeilen. Wird dagegen eine Pflegekraft Opfer einer Gewalttat,

wird darüber allenfalls regional berichtet, wenn dies besonders spektakulär war.

Die Formen der Gewalt gegenüber dem Pflegepersonal sind vielfältig: Es geht los mit plumpem Duzen über
anzügliche Bemerkungen bis hin zu Beleidigungen und
Bedrohungen. Tätlichkeiten sind nicht so selten, wie man
glaubt. Täter sind dabei oft nicht nur die Patienten, sondern auch deren Angehörige. Hilfe von Vorgesetzten ist oft
nicht zu bekommen. Ein drastisches Beispiel hierfür ist das
Kidnapping einer Nachtschwester vor zwei Jahren.[35] Erst
danach wurde in dem entsprechenden Altenheim zumindest nachts ein Wachdienst eingeführt. Körperverletzun-
gen und Morddrohungen stehen auf der »Tagesordnung«.
Da viele Pflegekräfte Angst vor einem Arbeitsplatzverlust
haben, bleiben viele Delikte ungeahndet.

Für diese Aggressionen gibt es vor allem die folgenden
zwei Gründe:

- Oft können alte Menschen ihren eigenen Alterungs-
  prozess nicht akzeptieren, sie ertragen ihre zuneh-
  mende Hilflosigkeit und die damit wachsende Fremd-
  bestimmung nicht. Frust und Zorn bis zur Aggression
  sind deshalb zumindest in dieser schmerzlichen Um-
  bruchsituation keine Seltenheit. Mit diesen Emotionen und der Trauer über den Verlust von Autono-
  mie des Pflegebedürftigen muss das Personal ebenso
  umgehen können wie mit seinen körperlichen Einschränkungen.

- Immer häufiger haben es Pflegekräfte mit dementen,
  geistig verwirrten Menschen zu tun, die nicht einmal
  wissen, was sie tun, und deshalb auch nicht zur Verantwortung gezogen werden können. Die Arbeit mit
  geistig behinderten Menschen ist nicht einfach.

Die Heime und das Pflegepersonal haben eine Verpflichtung zur Pflege, denen sie in der Regel auch nachkommen. Was aber sollen sie tun, wenn zum Beispiel ein alter dementer Mensch das Essen mit Händen und Füßen verweigert? Was sollen sie tun, wenn sich der Patient in Stuhl und Harn liegend nicht selbst waschen kann und sich auch nicht waschen lässt? Wie geht man mit Patienten um, die gegen ihre Mitbewohner oder auch das Pflegepersonal pöbeln und sie tätlich angreifen?

Viele Mitarbeiter von Heimen für geistig behinderte Menschen haben etwas Ähnliches schon einmal erlebt. Aber für die Heimleitungen ist Gewalt gegen Pflegekräfte meistens kein Thema. Es passt einfach nicht ins Bild des bedauernswerten, liebenswürdigen, geistig behinderten Menschen.

Das Geschäft mit der Pflege als Ursache des Pflegenotstandes

Hauptursache für Missstände und Gewalt in Pflegeheimen sind die Überlastung und unzureichende Qualifizierung des Pflegepersonals.

Die *Überlastung* ist eine Folge des Personalmangels. Da die Arbeit nicht weniger wird, führt der Personalmangel zu stetig wachsender Arbeitsverdichtung mit der Folge eines unerträglichen Zeitdrucks und, besonders in den Nachtschichten, zu Arbeitsausfällen.

Die Überlastung der Pflegekräfte bedeutet für diese nicht nur negativen Stress, sondern kann – wie schon für die familiäre Pflege gezeigt (s. o.) – zum Burnout-Syndrom führen.

Für die Pflegebedürftigen führt die Überlastung der Pflegekräfte zu einem Mangel an Verständnis und Zuwendung, unzureichender Pflege und schlimmstenfalls Gewalt.

Die *Qualifizierung* des Heimpersonals, insbesondere im Bereich »Psychiatrie«, ist oft nicht ausreichend. So hat der »Deutsche Berufsverband für Altenpflege« die Forderung nach weiter gehender Qualifizierung in der psychiatrischen Gerontologie gestellt.[33] Diese ist schon deshalb notwendig, weil die Anzahl dementer und psychisch kranker Heimbewohner kontinuierlich steigt.

Ein Grundübel für Pflegemissstände sieht das »Kuratorium Deutsche Altershilfe« darin, dass zu wenig Pflegefachkräfte in den Altenheimen tätig sind. Bereits 1993 wurde eine Fachkraftquote von 50 Prozent in der Heimpersonalverordnung festgelegt.

Um die Situation zu verbessern, müsste also einerseits der Personalschlüssel erhöht werden, andererseits müsste es den Pflegekräften ermöglicht werden, ihre Qualifikation durch Teilnahme an Fortbildungsveranstaltungen und Supervisionen zu erhöhen. Das geschieht aber nicht, denn Pflege soll Gewinne erzielen. Gewinne entstehen z. B. bei einer Beteiligungs- oder Betreiberfirma, die die Pflegeeinrichtung gebaut hat und diese an eine eigenständige Gesellschaft zu überhöhten Preisen verpachtet. Damit Letztere nicht in die roten Zahlen kommt, werden Pflegekräfte entlassen und Gehaltskürzungen durchgesetzt.[36]

Private Pflegedienste machen Caritas, Diakonie, Arbeiterwohlfahrt und dem Roten Kreuz immer mehr Kunden abspenstig. Das Geschäft mit der Alten- und Krankenpflege boomt. Neue Altenheime oder Krankenhäuser werden von modernen, dynamischen Privatunternehmen gebaut und geführt, oder es werden bestehende Kliniken von ihnen übernommen (Beispiel: Übernahme Klinikum Krefeld durch Helios-Kliniken im Jahr 2007). Sie machen den karitativen Anbietern Druck, die Konkurrenz wächst. Um das betriebswirtschaftliche Ergebnis zu verbessern, werden aber nicht nur die Kosten für Personal und für die Nahrungsmittel gesenkt. Manche Heimleitungen haben sich eine besondere Art der Kostenminimierung einfallen lassen:

Der »Trick« besteht darin, dass man von den Kostenträgern Gelder für den *vereinbarten* Pflegeschlüssel erhält, in Wirklichkeit aber weniger Personal beschäftigt. Bei Prüfungen in Hessen[37] stellte der MDK (Medizinischer Dienst der Krankenkassen) bei mehr als 15 von insgesamt 30 geprüften Heimen gravierende Abweichungen zwischen dem gemeldeten und dem tatsächlich vorgehaltenen Personal fest. Spitzenreiter war eine Einrichtung, die gegenüber den Kassen 16 Vollzeitkräfte angegeben hatte, aber nur sechs Kräfte beschäftigte. Ein Personalabgleich des Bundesgesundheitsministeriums im Frühjahr 2000 ergab, dass von 22 geprüften Einrichtungen bei 18 Einrichtungen das tatsächliche Personal nicht mit dem bezahlten übereinstimmte. Abweichungen lagen zwischen drei und mehr als zehn Vollzeitkräften.

So schreibt Fussek: »Besonders perfide ist das Verhalten einiger Heimbosse, die Phantompersonal mit den Kostenträgern abrechnen und damit abzocken, aber gleichzeitig über Personalmangel klagen.«[38]

Da es kaum Kontrollen über die Verwendung des Geldes gibt, funktioniert das Geschäft mit Pflegeheimen durch eine Allianz des Schweigens. Zu viele verdienen an der schlechten Pflege:[37]

- Inkontinenzartikel, Magensonden und Dauerkatheter sind inzwischen zu »pflegeerleichternden« Maßnahmen geworden. Sie werden oft gegen den Willen der Pflegebedürftigen eingesetzt, obwohl in den meisten Fällen keine medizinische Notwendigkeit vorliegt. Damit lässt sich Personal sparen.
- Eine MDK-Ärztin berichtet: In einem Pflegeheim hatten 20 Prozent der Bewohner eine Magensonde. Nur

eine einzige war medizinisch nachvollziehbar! Lega-
lisiert wurde nun auch die Praxis, zusätzlich zur Magensonde den vollen Verpflegungssatz erstattet zu
bekommen! Ein gutes Geschäft!

- Psychopharmaka statt Pfleger: Das Medikament wird
  von der Kasse bezahlt, Zuwendung dagegen nicht.
  *»Wenn ich mehr menschlich qualifiziertes und moti-
  viertes Personal hätte, könnte ich auf Psychopharmaka
  weitgehend verzichten«* – kommentiert ein Heimarzt.

- Prophylaxe und Rehabilitation finden so gut wie
  nicht statt: Je höher die Pflegestufe, desto mehr Geld
  bekommt das Heim von der Pflegeversicherung,
  desto mehr Personal wird ihm genehmigt.

Das ZDF hat in seiner Sendung Frontal 21 am 7.9.2004 den
Pflegenotstand in Deutschland untersucht.[39] Das Kamera-
team war in einem Altenpflegeheim in Essen: Die 112
Menschen hier benötigen meist Hilfe rund um die Uhr. Die
Pfleger arbeiten am Rand ihrer Kräfte. Es fehlt an Geld und
Personal.

Georg Bonerz von der Heimleitung des »Marienhauses«
schildert die Situation: *»Das geht auf Kosten der Bewohner
und der Mitarbeiter, vor allem auch in der Verwaltung und in
der Pflege.«* Das führt in Pflegeheimen zu menschenunwür-
digen Zuständen. Hilfsbedürftige werden oft unversorgt
liegen gelassen und vergessen.

Das ist Alltag in deutschen Pflegeheimen, wie Rechts-
mediziner der Uni Hamburg bestätigen. Hunderte Leichen
werden hier jährlich obduziert – mit alarmierenden Er-
gebnissen: Liegegeschwüre am Körper sind die Folge unzureichender Pflege. Prof. Klaus Püschel vom Institut für
Rechtsmedizin erläutert: *»Bei den Toten finden wir zu einem
erheblichen Prozentsatz große Pflegemängel. Hier in Hamburg
sind das ein bis zwei Prozent der Verstorbenen. In Hannover, wo*

man das regelmäßig untersucht, sind es noch mehr. Und in Berlin mehr als dreimal so viel wie in Hamburg.«

Für die Bundesrepublik bedeutet dies – bei mehreren hunderttausend Sterbenden jedes Jahr –, dass es auch mehrere tausend gibt, die zum Zeitpunkt ihres Sterbens erhebliche Pflegeprobleme haben.

Claus Fussek, Pflegeexperte aus München, ist überzeugt: *»Aus wirtschaftlichen Gründen ist es das Interesse jedes Heimträgers, möglichst viele Menschen in einer möglichst hohen Pflegestufe zu haben. Das bedeutet in der Alltagsarbeit, dass hier keine Aktivierung, keine Rehabilitation mehr stattfindet. Denn das würde in der Logik bedeuten, dass Menschen wieder eine niedrigere Pflegestufe bekommen. Was für den Heimträger wiederum weniger Geld bedeutet.«*

Fussek wehrt sich gegen die Verschwendung von Pflegegeldern: *»Das ist ein Fall für den Rechnungshof. Hier werden Milliarden verschwendet. Wir können uns aus volkswirtschaftlichen Erwägungen die schlechte Pflege und deren Folgen überhaupt nicht mehr leisten. Die Pflege und die Pflegeversicherung werden kollabieren. Offensichtlich verdienen so viele Menschen an den Folgen einer schlechten Pflege, dass niemand daran Interesse hat, dieses System zu verändern.«*

4. Die Angst vor dem Heim und das schlechte Gewissen der Kinder

Ich habe auch Menschen kennengelernt, die aus eigenem Entschluss und bei guter Gesundheit ihre eigenen vier Wände aufgegeben haben und in eine kleine Wohnung oder in ein Appartement eines Wohnstiftes oder einer Seniorenresidenz gezogen sind. Aber ich kenne niemanden, der freiwillig in ein Altenpflegeheim gehen würde. Die größte Ablehnung äußern übrigens die Heimmitarbeiter selbst.[40]

Dazu ist man nur bereit, wenn gar nichts anderes mehr geht. Weil man weiß, was einen erwartet (s. Seite 115: »Der Alltag in Heimen«), oder weil man es gerade nicht weiß, hat man vor diesem Schritt große Angst.

Das wissen auch die Kinder, die sich für eine Betreuung oder Pflege ihrer Eltern in einem Heim entscheiden. Sie geraten in einen Konflikt: Ihre Entscheidung mag unter den gegebenen Umständen vernünftig und unabweisbar sein, aber ihr Gewissen lässt ihnen keine Ruhe: Tue ich genug für meine Eltern? Habe ich alles versucht oder lasse ich sie in Wirklichkeit im Stich?

Typisch für den Widerstand, in ein Heim zu gehen, ist das Verhalten der Mutter von

Marlie-Luise, 60:
»Nach mehreren Stürzen musste meine 85-jährige Mutter ins Krankenhaus. Sie hatte sich den Oberarm gebrochen. Nach dem Einsetzen eines Herzschrittmachers ist sie als geheilt entlassen worden. Heute hole ich sie ab. Sie ist sehr wackelig auf den Beinen, und unschlüssig stehe ich mit ihr auf dem Parkplatz. Sie klammert sich an meinen Arm. Wohin mit ihr? Ich kann sie doch nicht wieder bei sich zu Hause abliefern und sich selbst überlassen. Im Krankenhaus kann sie aber auch nicht bleiben. Und sie kann auch nicht in ihr kleines Haus, wo sie seit dem Tod unseres Vaters allein lebt. Sie ist unfähig, sich selbst zu versorgen. Ohne Hilfe kann sie sich nicht mehr waschen und ankleiden. Also, wohin mit ihr? ›Sie müssen sich auf betreutes Wohnen einstellen‹, war ihr von einem der Ärzte gesagt worden. ›Das heißt doch wohl Altersheim‹, hatte sie mir daraufhin zugeraunt. Sie schweigt. Ihre Miene ist wie eingefroren. ›Was jetzt?‹, frage ich. ›Ich möchte nach Hause ...‹ ›Und wie stellst du dir das vor?‹, fahre ich sie an. ›Weiß ich auch nicht.‹ Irgendwie habe ich diese Situation kommen sehen. Meine Ratlosigkeit verwandelt sich in Ärger über sie.«

Marlie-Luises in der Schweiz lebende Schwester hatte schon vor Jahren, als der Vater noch lebte, dazu geraten, die Eltern auf eine Warteliste in einem besonders guten Altersheim zu setzen. Damals waren die Eltern noch in den 60ern und einigermaßen fit. Doch niemand aus der Familie wollte sich ernsthaft mit Gebrechlichkeit und Hilfsbedürftigkeit beschäftigen. Altern war ein Tabu, an das man besser nicht rührte. Besonders die Mutter wich dem Gedanken aus. *»Ich werde früh sterben«*, sagte sie immer und verwies auf ihr *»schlechtes Herz«*. Heute ist sie 85 und geistig hellwach geblieben.

Wer vor der schwierigen Entscheidung steht, eine Unterbringung der Eltern in einem Altenheim oder Altenpflegeheim zu organisieren, wird dabei immer ein schlechtes Gewissen haben. Jeder wird sich fragen müssen: Was schulde ich meinen Eltern? Das schlechte Gewissen wird in negative Emotionen transformiert, die auf die Eltern übertragen werden, wie folgendes Beispiel zeigt.

Marlene:
»Ich bin sauer und wahrscheinlich deshalb auch gereizt und ungerecht, weil meine Mutter nicht – wie die Mutter meiner Freundin – vorgesorgt hat. Die hatte sich frühzeitig in einem Stift angemeldet, in dem bereits gute Bekannte wohnten. Und eine Freundin meiner Mutter hat sich in ein Wohnprojekt eingekauft, in dem Junge und Alte gemeinsam wohnen. Es gäbe viele Möglichkeiten. Doch meiner Mutter waren sie nicht recht, weil sie ihre gewohnte Umgebung nicht aufgeben wollte. Und nun bin ich in der misslichen Lage, über das Schicksal meiner Mutter entscheiden und eine Lösung finden zu müssen.

Nach aufwendiger Suche fällt mir ein Prospekt einer ›Seniorenresidenz‹ in die Hände. Ich versuche mit Engelszungen, meiner Mutter dieses Haus, das ganz in der Nähe ihres Hau-

ses liegt, schmackhaft zu machen, es sich wenigstens einmal anzusehen. ›Altersheim bleibt Altersheim‹, kommentiert sie meinen verzweifelten Versuch, eine Lösung zu finden. ›Da will ich nicht hin, das ist mir zu vornehm‹, sagt sie.

Endlich, in der Residenz Rosenhof ist ein Platz frei geworden. Das Foyer des Hauses vermittelt die Atmosphäre eines belebten Hotels. Doch im ersten Stock wird unsere gute Laune gedämpft: überall Greise, die herumtapern, sich in Rollstühlen schieben lassen oder apathisch um einen Couchtisch sitzen. ›Hier bleibe ich nicht!‹ Das ist das letzte Wort meiner Mutter.

Seit meiner verzweifelten Suche nach einer Pflegeeinrichtung für meine Mutter sind fast zwei Jahre vergangen. Mutter lebt noch immer in ihrem eigenen Haus. Sie ist noch mehrere Male gestürzt und hat sich jedes Mal dabei verletzt. Doch in Depression oder Apathie ist sie nicht verfallen. Wie es mit ihr weitergehen soll, wer weiß?«

Das nächste Beispiel zeigt, dass es auch gelingen kann, das Heim zu vermeiden:

Gudrun, 59:
Grundsätzlich bin auch ich der Meinung, dass nur im äußersten Notfall ein Pflegeheim der letzte Aufenthaltsort für die Eltern sein sollte! Auch ich habe meine Mutter zu mir geholt und sie betreut und bis zu ihrem Tod gepflegt. Wir haben noch sehr schöne Jahre verlebt, so schwer die Pflege auch war! Oft ging es wirklich über meine Kräfte, und ich habe manches Mal auf der Treppe gesessen und geweint, weil ich einfach nicht mehr konnte! Wohl hatte ich eine Putzhilfe und auch mal einen privaten Pflegedienst in Anspruch genommen, nachdem ich selbst einmal krank wurde. Aber die Pflege war nicht so, wie Mutter es von mir gewohnt war. Sie klagte zwar nicht, sondern sagte nur: ›Es ist ein großer Unter-

schied, wer mich versorgt.‹ Ich weiß heute nicht mehr, wie ich alles geschafft habe, aber ich bin dankbar, dass meine Kraft ausreichte, bis sie ganz friedlich in meinem Arm eingeschlafen ist, wie sie es sich gewünscht hatte.«

5. Die Auswahl eines Heims

Auch wenn Sie nach der Lektüre dieses Buches bisher den Eindruck gewonnen haben, dass in der stationären Pflege überwiegend menschenunwürdige Zustände herrschen, muss gerechtigkeitshalber gesagt werden: Es gibt tatsächlich auch gut geführte Altenheime und Altenpflegeheime. Wäre es nicht so, könnte man sich die mühsame Suche sparen.

Claus Fussek[41] nennt einige Beispiele gut geführter Altenpflegeeinrichtungen:

- die städtische »Sozialholding in Mönchengladbach« GmbH, Mönchengladbach
- die städtische »Münchenstift« GmbH, München
- das »Haus an der Hofwiese«, Kösching
- die »Caritas-Betriebsführungs- und Trägergesellschaft (CBT)«, Köln
- das »Haus Abendfrieden«, Bad Neuenahr.

Die genannten Heime bzw. Trägergesellschaften präsentieren sich alle auch im Internet (Adressen s. Anhang!).

Wenn Sie sich auf die Suche nach dem optimalen Heim für Ihre Eltern begeben, dann müssen Sie sich erstens über die Kriterien eines »guten« Heims klar werden, und Sie brauchen zweitens Informationen über Heime, um beurteilen zu können, welches Heim Ihre Ansprüche am besten erfüllt.

Kriterien für die Auswahl eines Heims

Lage und Ausstattung des Heims
- Liegt das Haus im Grünen oder in der Stadt?
- Liegt das Heim verkehrsgünstig für häufige Besuche?
- Welche Zimmer werden angeboten: Einbett-, Mehrbettzimmer?
- Wie sind die Größe und Ausstattung der Zimmer? Ist Teilmöblierung möglich?
- Sind Haustiere erlaubt?

Qualifikation der Heimleitung und der Mitarbeiter
- Wie sieht die Mitarbeiterstruktur aus hinsichtlich Anzahl und Ausbildung (Altenpfleger, Altenfachpfleger, Krankenschwestern)?
- Wie sieht der Personalschlüssel aus?
- Gibt es ein Qualitäts- oder Problemmanagement?
- Machen die Mitarbeiter einen engagierten Eindruck oder leisten sie eher »Dienst nach Vorschrift«?
- Gibt es einen Heimarzt? Wenn nicht, wie ist die ärztliche Betreuung gewährleistet?

Zufriedenheit der Pflegebedürftigen
- Ist das Essen gut? Gibt es Wahlmöglichkeiten?
- Sehen die Bewohner/-innen zufrieden und gut versorgt aus?
- Gibt es Betätigungs- und Betreuungsangebote?
- Gibt es besondere Angebote für Demenzkranke, wie z. B. Biografiegruppen?
- Geht das Personal freundlich und respektvoll mit der Würde und den Bedürfnissen der Pflegebedürftigen um?
- Wie sieht es mit sogenannten »pflegeerleichternden Maßnahmen« aus, wie z. B. Festbinden der Pflegebe-

dürftigen (Fixierungen müssen richterlich angeord-
net sein!), künstliche Ernährung über Magensonde,
Katheter oder 24-Stunden-Windel, um Toilettengänge
zu vermeiden, Einsatz von Psychopharmaka zwecks
Ruhigstellung?

- Interessiert sich das Personal für die Person des Kranken, seine Lebensgeschichte, seine Vorlieben und
Abneigungen?
- Tragen sturzgefährdete Bewohner Hüftschutzhosen
(Hüftprotektoren) zur Prophylaxe von Oberschenkel-
halsbrüchen?[42]
- Wie ist es um die Mitgestaltungs- und Beschwerde-
möglichkeiten der Heimbewohner bestellt, gibt es
feste Ansprechpartner für Bewohner und ihre Angehörigen?
- Wie gut ist die Dekubitusprophylaxe?

Zusammenarbeit mit den Angehörigen

- Wird das Engagement von Angehörigen vom Heim
aus gefördert? Möglichkeiten dazu sind zum Beispiel
regelmäßige Angehörigenabende oder ein Angehö-
rigenbeirat. Gibt es Gästezimmer für entfernt woh-
nende Angehörige? Werden Angehörige in die Pflege
einbezogen?
- Ist Besuch jederzeit möglich?

Die Kosten der Pflegeleistung

- Welche Preise werden für die gleiche Leistung von
dem zur Wahl stehenden und anderen Heimen be-
rechnet? (Preisbeispiele s. Anhang.)
- Sind die Preise unter Berücksichtigung aller Zuschüsse erschwinglich?

Letztlich ist die Atmosphäre eines Heims entscheidend dafür, ob man sich darin wohl fühlt und das Heim als sein Zuhause empfinden kann.

Wie Sie Informationen über ein Heim gewinnen

Informationsbeschaffung über das Internet
Wer eine Pflegeeinrichtung für Angehörige oder für sich selbst sucht, kann im Internet den *Pflegeheim-Navigator der AOK* nutzen.

Über die Internetseite *www.aok-pflegenavigator.de* lassen sich Angebote der vollstationären Pflege, der Kurzzeit- sowie der Tages- und Nachtpflege im ganzen Bundesgebiet recherchieren. Ein entscheidender Vorteil des Navigators gegenüber bereits bestehenden Internet-Suchmaschinen im Pflegebereich sind zuverlässige Angaben über Preise der Pflegeleistungen. Außerdem wird dargestellt, welche Leistungen man von der Pflegekasse erhält und welche Kosten man selbst übernehmen muss. Beachten Sie aber den Hinweis auf der Website unter Haftung:

»Der AOK-Bundesverband übernimmt keinerlei Gewähr für die Aktualität, Korrektheit, Vollständigkeit oder Qualität der bereitgestellten Informationen, welche von den Pflegeheimen eingestellt worden sind, hierfür sind die jeweiligen Pflegeheime selbst verantwortlich.«

Bis heute (Anfang 2008) sind im Pflegeheim-Navigator rund 12 000 Pflegeheime gelistet. Flächendeckende Informationen können bereits für die Bundesländer Bayern, Berlin, Brandenburg, Bremen, Hessen, Mecklenburg-Vorpommern, Niedersachsen, Sachsen, Sachsen-Anhalt, Schleswig-Holstein, Thüringen sowie für den Landschaftsverband Westfalen-Lippe abgerufen werden (Adressen s. Anhang).

Informationen von Pflegebüros

Wer auf der Suche nach einem Platz in einem Altenpflegeheim ist, kann sich auch an ein *Pflegebüro* wenden. Solche
Informationsstellen gibt es in jeder größeren Stadt, und sie
beraten in allen Fragen rund um die Pflege. Pflegebüros
bieten Hilfe bei der Wahl von Altenpflegeheimen und bei
Fragen rund um die Pflege. In allen größeren Städten gibt
es Pflegebüros, die die Kommunen laut Gesetz vorhalten
müssen (Adressen s. Anhang).

Informationsmaterial von den Heimen

Um eine gute Heimauswahl treffen zu können, empfiehlt
sich die Anforderung von Informationsmaterial, z. B. des
Heimprospektes mit der Beschreibung der angebotenen
Leistungen, der Preisliste, der Pflegekonzeption, der Haus-
ordnung. Prüfen Sie genau, in welchem Umfang darin der
Tagesablauf der Bewohner reglementiert wird, zum Beispiel: Ausgangszeiten, Besuchsregelungen, Hausschlüssel,
Tierverbot. Lassen Sie sich außer dem Heimprospekt mit
der Preisliste auch Muster des Anwartschaftsvertrages, des
Heimvertrages und der Heimordnung geben oder zusen-
den. Achten Sie darauf, dass keine Anmeldegebühr verlangt wird. Fragen Sie nach den Wartezeiten!

Besuch des Heims

Der nächste Schritt besteht darin, die Heime der engeren
Wahl persönlich in Augenschein zu nehmen und ein Infor-
mationsgespräch mit der Heimleitung zu vereinbaren.
Wenn sie auch kritische Fragen freimütig und detailliert
beantwortet, ist dies ein Zeichen, dass die Qualitätsansprü-
che des Heims nicht nur auf dem Papier bestehen.

Bei der Besichtigung ist es wichtig, auch mit den Pflegekräften zu reden, und man sollte versuchen, mit Bewohnern ins Gespräch zu kommen. Vielleicht besteht die

Möglichkeit, an einer gemeinsamen Mahlzeit teilzunehmen oder eine vom Heim organisierte Veranstaltung zu besuchen.

Probewohnen

Viele Heime bieten inzwischen ein »*Probewohnen*« für künftige Bewohner an – sicherlich die beste Chance, ein Heim kennenzulernen und die Lebensqualität, die es bietet, beurteilen zu können. Wenn das Heim *Kurzzeitpflege-Plätze* anbietet, kann ein Pflegebedürftiger zum Beispiel während des Urlaubs seiner Angehörigen erproben, ob er sich dort auch dauerhaft wohl fühlen könnte.

6. Die Kontrolle der Pflege in Heimen

Sie kennen sicher den Satz: *Vertrauen ist gut, Kontrolle ist besser.* Das gilt auch für die Pflege in den Heimen. Es ist sicher beruhigend zu wissen, dass die Pflegeeinrichtungen in Deutschland von institutionellen Organen überwacht werden. Sie sollten sich damit aber nicht zufrieden geben. Viel wirksamer ist es, wenn Sie persönlich möglichst häufig und unangemeldet Ihre pflegebedürftigen Eltern besuchen, also Präsenz zeigen.

Institutionelle Kontrollen

Die Heimaufsicht

Zur Lösung bereits aufgetretener oder zu erwartender Probleme steht die Heimaufsicht zur Verfügung. Die Heimaufsicht ist eine bei den Sozialämtern, den Bezirksämtern oder den Versorgungsämtern angesiedelte Behörde, die mit der staatlichen Aufsicht über alle Heime beauftragt ist. Zu ihren Aufgaben gehören unter anderem auch die Beratung und Information der Heimbewerber und Heimbewohner.

Die Heimaufsicht hat die Einhaltung der Vorschriften des Heimgesetzes zu überwachen und Missstände durch Anordnungen und Auflagen zu beseitigen. Die Heimaufsicht prüft jedes Heim einmal im Jahr und anlassbezogen bei Hinweisen auf Missstände. Wenn Sie sich also beschweren wollen, suchen Sie das Gespräch mit der Heimaufsichtsbehörde.

Der Medizinische Dienst der Krankenkassen (MDK)

Neben der Heimaufsicht ist der Medizinische Dienst der Krankenkassen (MDK) für die fachliche Überprüfung der Pflegequalität zuständig. Im Rahmen der Pflegeversicherung und im Heimgesetz gibt es dazu Rahmenbestimmungen und teilweise Mindeststandards. Nach jeder Qualitätsprüfung erstellt der MDK einen Bericht über das Ergebnis. Darin sind Empfehlungen enthalten, wo sich das Heim zum Beispiel verbessern kann oder muss. Die Verbände der gesetzlichen Pflegekassen entscheiden, ob und ggf. welche Maßnahmen sie auf Grundlage des MDK-Prüfberichts einleiten.

Leider sind die Prüfbesuche des MDK nur Stichproben. Das ist wie beim Auto: Da prüft der TÜV alle zwei Jahre, ob der Wagen verkehrstauglich ist – aber was ist mit der Zeit dazwischen? Angehörige brauchen ein leicht zugängliches und vor allem verständliches Informationssystem. Für Hotels ist die Einordnung nach Sternen und die Beurteilung durch Hotelgäste im Internet inzwischen selbstverständlich. Leider gibt es ein solches »Ranking« für die Einrichtungen der stationären Altenpflege nicht.[23]

Bisher ist es den Medizinischen Diensten aus rechtlichen Gründen nicht möglich, die Ergebnisse der Qualitätsprüfungen zu veröffentlichen (SGB XI § 115). Der MDK-

Bericht geht an einen eng begrenzten Adressatenkreis: an die Landesverbände der Pflegekassen, die die Prüfung der Pflegeeinrichtung auch in Auftrag geben, sowie an die zuständigen Träger der Sozialhilfe und die zuständigen Heimaufsichtsbehörden. Außerdem erhalten den Bericht natürlich die geprüfte Pflegeeinrichtung selbst und – wenn sie einverstanden ist – der Trägerverband, dem die Pflegeeinrichtung angeschlossen ist.

Bei so wenig Transparenz ist es auch nicht erstaunlich, dass die Kontrollen in der Regel angemeldet erfolgen. (Nur in Bayern und Rheinland-Pfalz wird ausschließlich unangemeldet kontrolliert[43].) Die Vertreter der Pflegeeinrichtungen wehren sich gegen Kontrollen, insbesondere unangemeldete, weil sie den Betriebsablauf zu sehr stören würden. Im Übrigen wären ernsthafte Pflegemängel auch vor einer angemeldeten Kontrolle nicht ohne weiteres zu verbergen.

Die Qualität einer Einrichtung spiegelt sich normalerweise in der regelmäßig vom Personal erstellen Pflegedokumentation wider. Darin sind unter anderem alle pflegerischen Leistungen und die verabreichten Medikamente vermerkt. Anhand dieser Listen überprüft der MDK die Pflegequalität des Heims und vergleicht sie mit dem Zustand der Bewohner.

So stieß eine Mitarbeiterin des MDK Berlin in einem Berliner Pflegeheim auf eine über 80-jährige Dame, die in einem erbärmlichen Pflegezustand war. *»Die Frau lag in ihrem Bett, war unterernährt, apathisch und zeigte keinerlei Reaktion auf menschliche Ansprache. Sie war ohne Hoffnung, hatte sich selbst aufgegeben.«*[44]

Offensichtlich bestand ein Missverhältnis zwischen Pflegedokumentation und Zustand der Patientin.

Persönliche Kontrollen

Wenn Sie Anlass zu der Vermutung haben, dass Ihre pflegebedürftigen Eltern nicht angemessen betreut und gepflegt
werden, werden Sie sich zunächst an das Pflegepersonal
mit der Bitte um Besserung wenden.

Beispiel:
Eine meiner Bekannten hatte weder Mühe noch Kosten ge-
scheut, um ihre 100-jährige Mutter in einem besonders
ausgesuchten Pflegeheim unterzubringen. Sie ging täglich
zu ihrer dementen Mutter, um ihr Gesellschaft zu leisten.
Dabei beobachtete sie, dass die Pflegerinnen Tabletts wieder abräumten, egal, ob etwas gegessen oder getrunken
worden war. Da ihre Mutter während der Zeit im Heim immer mehr abmagerte und nur noch aus Haut und Knochen
bestand, wollte sie auch kontrollieren, dass sie die Mahlzeiten zu sich nahm, und besuchte sie daraufhin immer zu
den Essenszeiten.

Eines Tages traf sie die alte, abgemagerte Frau mit
Hemdchen und Schlüpfer im Rollstuhl sitzend an. Umge-
hend wandte sie sich an die Stationsschwester: »*Warum
ist meine Mutter nicht angezogen, und warum haben Sie ihr
nicht wenigstens eine Decke übergelegt, damit sie nicht friert?*«
Darauf antwortete die Schwester: »*Wir hatten nichts mehr
zum Anziehen für Ihre Mutter, die hat alles beschlabbert.*« Ver-
ärgert konterte meine Bekannte: »*Sie wissen genau, dass ich
täglich hier ein und aus gehe. Warum haben Sie mir nichts
gesagt? Ich hätte frische Garderobe für meine Mutter mitbringen
können.*«

Wenn selbst bei regelmäßiger Kontrolle durch Angehörige solche Dinge passieren, dann mag man sich wohl kaum
vorstellen, was geschieht, wenn kein Angehöriger mehr da
ist oder kommt, um sich um die Alten zu kümmern.

Wenn durch eine Intervention beim Pflegepersonal keine Abhilfe geschaffen werden kann, ist der nächste Schritt, die Pflegedienst- und Heimleitung zu verständigen. Wenn die Heimleitung keine wirkliche Besserung erreicht, sollten Angehörige sich nicht scheuen, Anzeige wegen Körperverletzung bei der Kripo oder bei der Staatsanwaltschaft zu erstatten. Ob es sich bei den Vorkommnissen um unterlassene Hilfeleistung, Körperverletzung oder im Ernstfall sogar fahrlässige Tötung handelt, darüber muss sich der Angehörige keine Gedanken machen. Wichtig ist nur, konkret zu beschreiben, in welchem Zustand sich der Angehörige zu welchem Zeitpunkt befunden hat und welche Pflegekraft zu diesem Zeitpunkt zuständig war. Der Rest ist die Ermittlungsarbeit von Kripo und Staatsanwaltschaft.

Der unzureichenden Pflege begegnet man inzwischen in vielen Städten durch ein Beschwerdetelefon, an das sich Betroffene wenden können. Aber Bewohner von Pflegestationen können sich in der Regel nicht mehr telefonisch beschweren. Sie sind auf ihre Angehörigen angewiesen. Adressen, wo Sie Beratung oder Hilfe bekommen können, finden Sie im Anhang.

Abschließende Bemerkungen

Grundsätzlich gilt, dass pflegebedürftige alte Menschen von jemandem gepflegt werden sollten, von dem sie gepflegt werden möchten. Die *familiäre Pflege*, also die Betreuung und Versorgung durch die eigenen Kinder zu Hause, steht hier an erster Stelle der Wünsche der Eltern. Heute gibt es allerdings eine Reihe von Gründen dafür, warum Familien das nicht mehr leisten können: die wohnlichen Voraussetzungen, die zeitlichen, die finanziellen und andere Einschränkungen. Die eigenen Kinder sind oft auch nur bedingt dazu geeignet, die Eltern zu pflegen, denn zwischen Eltern und Kindern gibt es fast immer Konflikte aus der Vergangenheit, die nicht aufgearbeitet wurden und immer wieder zu Problemen führen können.

Wenn es der körperliche und geistige Zustand der Eltern sowie die finanzielle Lage erlauben, ist an eine *ambulante Pflege* durch professionelle Kräfte zu denken. So wird dem Pflegebedürftigen sein häusliches Umfeld erhalten. Es gibt allerdings auch Situationen, die es erforderlich machen, eine *Heimpflege* in Anspruch zu nehmen.

Man sollte, wenn man die finanziellen Voraussetzungen hat, nicht beanspruchen, alles selbst zu machen, sondern Pflegeleistungen delegieren und sich ohne schlechtes Gewissen professionelle Unterstützung suchen. Dann ist es aber wichtig, dass man häufigen und engen Kontakt mit den Eltern hält, um sie auf ihrem letzten schweren Lebensabschnitt liebevoll zu begleiten, und nicht zuletzt, um die Pflege zu kontrollieren.

Anhang

Quellennachweis

1 Vgl. Döring, D.: Rollentausch – Wenn Eltern in die Jahre kommen. Neukirchen-Vluyn (2004)
2 Vgl. Wochenbericht des DIW Berlin 20/04. Private Versorgung und Betreuung von Pflegebedürftigen in Deutschland. Unter: www.diw.de/deutsch/wb_20/04_private_versorgung_und_betreuung_von_pflegebeduerftigen_in_deutschland/31173.html; vgl. auch Seewald, H.: Angebot und Inanspruchnahme sozialer Dienste für Kinder und Pflegebedürftige. In: Wirtschaft und Statistik, Nr. 8, S. 743 (2003)
3 Deutscher Ring: Risikoanalyse: Armutsfalle Pflege (2006). Unter: www.maklerblog.de/data/File/Armutsfalle_Pflege.pdf
4 Bundesgerichtshof, Urteil vom 23.10.2002 – XII ZR 266/99. Unter: www.ruv.de/de/r_v_ratgeber/partnerschaft_familie/recht_geld/5_unterhalt_auchkindermuessenzahlen.jsp
5 Vgl. Döring, D.: Wodurch wir wurden, was wir sind – Familienprägungen erkennen und verstehen. Stuttgart (2006)
6 Kathemann, A., Sauer, H.-D.: Alte Eltern (2005). Unter: www.jg-muenster.de/downloads/2007Arbeitshilfe_AlteEltern.pdf
7 Halpern, H. M.: Abschied von den Eltern, Salzhausen (2003)
8 Vgl. Döring, D.: Ohne Partner weiterleben – Hilfen für verwitwete Frauen. Stuttgart (2008)
9 www.demenz-rlp.de/html/demenz_stadien.html
10 Sacks, O.: Der Mann, der seine Frau mit einem Hut verwechselte. Hamburg (2006)
11 Lind, S., Rezension vom 22.02.2005 zu: Kuratorium Deutsche Altershilfe (Hrsg.): Menschen mit Demenz erreichen – Hilfen zur Kommunikation, Köln (2004). In: socialnet Rezensionen. Unter: www.socialnet.de/rezensionen/2102.php
12 Wächtershäuser, A.: Konzepte für die Betreuung dementer Men-

schen. Theoretische Modelle und ihre Umsetzung in der Praxis am Beispiel von Altenheimen in Marburg (Diplomarbeit 2002), Kapitel 4: Das Erleben von Demenz.
Unter: www.we-serve-you.de/anne/erlebendemenz.htm

13 Vgl. Verbraucherzentrale: Das Pflegegutachten – Die Einstufung durch den Medizinischen Dienst, 3. A. (2007)

14 SEBIS – Senioren- und Behinderten-Informationsservice.
Unter: www.sebis.info/index.html

15 Vgl. Burnout-Syndrom.
Unter: http://de.wikipedia.org/wiki/Burnout-Syndrom

16 Sowinski, C. (Kuratorium Deutsche Altershilfe), SWR-Interview 26.06.2007: Wenn Ihre Kraft nicht mehr ausreicht …
Unter: www.swr.de/ratgeber/gesund/pflege/-/id=1798/nid=1798/did=2276550/mpdid=2299174/147wbxt/index.html

17 Bayer, S. (ZDF): Werde besser niemals alt … Über Gewalt in der Pflege.
Unter: www.themen-tv.de/de_g1/370-Werde-besser-niemals-alt---Ueber-Gewalt-in-der-Pflege.htm

18 Ältere Menschen vor Gewalt schützen – Internationaler Aktionstag am 15. Juni 2006.
Unter: www.bmfsfj.de/Politikbereiche/aeltere-menschen,did=7603.html

19 Diakonisches Werk Berlin Stadtmitte e. V., Pflege in Not.
Unter: www.dw-stadtmitte.de/index.php?id=8

20 Medizinischer Dienst der Spitzenverbände der Krankenkassen: Richtlinien der Spitzenverbände der Pflegekassen zur Begutachtung von Pflegebedürftigkeit nach dem XI. Buch des Sozialgesetzbuches (2006), S. 48.
Unter: www.mds-ev.org/download/Begutachtungsrichtlinien_screen.pdf

21 Vgl. Übersicht Leistungskomplexe der Pflegekasse in Nordrhein-Westfalen.
Unter: www.pflegedienst-huebenthal.de/kostenkatalog.php3

22 Fussek, C., Schober, G.: Im Netz der Pflegemafia. Wie mit menschenunwürdiger Pflege Geschäfte gemacht werden. Gütersloh (2008), S. 307

23 Medizinischer Dienst der Spitzenverbände der Krankenkassen. Qualität in der ambulanten und stationären Pflege (2007).
Unter: www.mdk.de/323.htm

24 SWR: Pflegeverträge: Ambulante Pflege richtig organisieren. (26.04.2007).
   Unter: www.swr.de/infomarkt/familie/-/id=2249006/nid= 2249006/did=2332814/1pfw7ic/index.html

25 Anonymus: Wohin mit Vater? Ein Sohn verzweifelt am Pflegesystem, Frankfurt a. M. (2007)

26 Anonymus: Wohin mit Vater? Ein Sohn verzweifelt am Pflegesystem, a.a.O.
   Unter: www.hr-online.de/website/specials/buchmesse2007/ index.jsp?rubrik=26850&key=standard_document_30067976

27 Garbrecht, A.: Interview mit Anonymus. Hamburger Abendblatt (10.03.2007).
   Unter: www.comedia-hamburg.de/pdf-dateien/Interview Anonymus.pdf

28 »Altenheim«. Unter: http://de.wikipedia.org/wiki/Altenheim

29 Fussek, C.: Bei Notstand in der Pflege nicht wegschauen. Der Notstand hat strukturelle und kommerzielle Ursachen
   Unter: www.gluecklich-leben.de/articles/printer/425

30 Fussek, C., Schober, G.: Im Netz der Pflegemafia, a.a.O., S. 138

31 Hirsch, R. D.: Tabuthema Pflegemängel: Ausmaß, Auswirkungen, Auswege.
   Unter: www.hsm-bonn.de/download/04_heim.pdf

32 Westhouse, P. T.: Drei Tage im Juli. Nienburg (2003)

33 Ohne Verfasser: Gewalt in der Pflege.
   Unter: www.gesundheit.de/familie/alter/gewalt-in-der-pflege/index.html

34 Görgen, T.: Gewalt gegen ältere Menschen im stationären Bereich.
   Unter: www.bibb.de/redaktion/altenpflege_saarland/literatur/ gewalt_03.htm

35 Pflegekräfte sind zunehmend brutaler seelischer und körperlicher Gewalt ausgesetzt.
   Unter: www.konfliktfeld-pflege.de/dateien/text/recht/gewalt.html

36 Fussek, C., Schober, G.: Im Netz der Pflegemafia, a.a.O., S. 266

37 Lüst, C.: Abkassiert und totgepflegt – Das Geschäft mit den Pflegeheimen.
   Unter: www.mentalpsychologie-netz.de/gesellschaft/ dokumentencontainergem/kartelldesschweigens.php4

38 Fussek, C., Schober, G.: Im Netz der Pflegemafia, a.a.O., S. 216

39 Hinrichs, U., Kurz, F.: Pflegenotstand in Deutschland (ZDF-Sendung »Frontal 21« vom 07.09.2004).
Unter: www.wernerschell.de/forum/neu/viewtopic.php?t=1365&highlight=gewalt

40 Pflege ohne Würde? – Das Geschäft mit den Alten (Phoenix-Sendung vom 13.03.2008).
Unter: www.phoenix.de/phoenix_runde/2008/03/13/0/172761.1.htm

41 Fussek, C., Schober, G.: Im Netz der Pflegemafia., a.a.O., S.129 ff., 156 ff., 204ff., 214, 364ff.

42 Fussek, C., Schober, G.: Im Netz der Pflegemafia, a.a.O., S. 84

43 Fussek, C., Schober, G.: Im Netz der Pflegemafia, a.a.O., S. 128 f., S. 137

44 Bach, I.: Die Profi-Prüfer (Der Tagesspiegel vom 28.11.2007).
Unter: www.tagesspiegel.de/berlin/;art270,2428487

Weiterführende Literatur

Alzheimer – Gesellschaft Bremen e. V.: Forschungsprojekt 2006/2007: Evaluation der Erwartungen und Bedürfnisse Angehöriger von mittelschwer und schwer dementen Menschen in Bremen. Unter: www.soziales.bremen.de/sixcms/media.php/13/Script_Forschungsprojekt_2006_master_korrigiert.pdf Weitere Literatur zu Demenz: www.neurologienetz.de

Biberti, Ilse: Hilfe, meine Eltern sind alt, Ullstein-Verlag, Berlin 2006

Buis, Suzanne: Keine Zeit für Freundlichkeit – Hinter der Fassade eines Alten- und Pflegeheimes, Verlag Hartmut Becker, Kirchhain 2000

Diakonisches Werk, Berlin-Brandenburg e. V. (Hrsg.): Gewalt in der Pflege alter Menschen, 2002. Diese Broschüre ist gegen eine Schutzgebühr von 3 EUR erhältlich unter Tel.: 030/82097 204, oder per E-Mail: michel.r@diakoniebb.de

Dieterich, Michael: Hilfe, ich bin ausgebrannt. Wie man mit Stress und Burnout umgehen kann, Bundes-Verlagsgesellschaft 2001

Döring, Dorothee: Rollentausch – Wenn Eltern in die Jahre kommen, Neukirchener Verlag, Neukirchen-Vlyun 2004

Fussek, Claus, und Schober, Gottlob: Im Netz der Pflegemafia. Wie mit menschenunwürdiger Pflege Geschäfte gemacht werden, Bertelsmann-Verlag, Gütersloh 2008

Großhans, Lore: Und wo bleibt mein eigenes Leben?, Kreuz-Verlag, Stuttgart 2003

Gutensohn, Stefan: Endstation Alzheimer? – Ein überzeugendes Konzept zur stationären Betreuung, Mabuse-Verlag, Frankfurt a. M. 2000

Hirsch, Rolf/Fussek, Claus: Gewalt gegen pflegebedürftige Menschen in Institutionen, Bonner Schriftenreihe »Gewalt im Alter«, 1999

Hölzer, Rosel: Burnout in der Altenpflege. Vorbeugen – erkennen – überwinden, Urban & Fischer bei Elsevier 2003

Jäger, Carmen: Der Pflegefall-Ratgeber, Brendow-Verlag, Moers 2004

Kolitzus, Helmut: Das Anti-Burnout-Erfolgsprogramm. Gesundheit, Glück und Glaube, dtv, München 2003

Künzel-Schön, Marianne: Wenn alte Eltern Hilfe brauchen, Verlag C.H. Beck, München 2004

Merz, Sigrid: Pflegeheim – und jetzt? Walhalla, Regensburg 2003

Müller-Timmermann, Eckhart: Ausgebrannt – Wege aus der Burn-out-Krise, Herder, Freiburg i. Br. 2004

Sacks, Oliver: Der Mann, der seine Frau mit einem Hut verwechselte, Spiegel-Verlag, Hamburg 2006

Stiller-Harms, Claudia/Weipert, Horst/Grundei, Maren: Pflege zu Hause, Klett-Verlag, Stuttgart 2002, 2. A.

Tönnies, Inga: Abschied zu Lebzeiten – Wie Angehörige mit Demenzkranken leben, Verlag: Balance Buch + Medien, Bonn 2007

Verbraucherzentrale NRW: Pflegende Angehörige – Balance zwischen Fürsorge und Entlastung, 2002

Adressen

Pflegeberatung und Selbsthilfegruppen

Alzheimer Forschung Initiative e.V.
  Grabenstraße 5, 40213 Düsseldorf, Montag bis Freitag, 9 bis 17 Uhr
  Telefon: (08 00) 2 00 40 01 (gebührenfrei)
  Telefax: (02 11) 86 20 66 11
  www.alzheimer-forschung.de
Alzheimer-Hilfe für Betroffene
  Postfach 70833, 60599 Frankfurt, Montag bis Samstag, 8 bis 20 Uhr
  Telefon: (01 80) 3 36 66 33
  www.alois.de
Deutsche Alzheimer Gesellschaft e.V.
  Friedrichstraße 236, 10969 Berlin
  Alzheimer-Telefon: (0 18 03) 17 10 17 (gebührenpflichtig)
  Fax: (0 30) 2 59 37 95-29
  www.deutsche-alzheimer.de (hier können Adressen von Selbst-
  hilfegruppen angefordert werden)
Deutsche Seniorenliga e.V.
  Heilsbachstr. 32, 53123 Bonn
  Tel.: (02 28) 36 79 30, Fax: (02 28) 3 67 93 90
  www.dsl-alzheimer.de

Internetadressen:
www.alzheimerinfo.de
www.selbsthilfe-forum.de/alzheimer/index0.htm

Arbeiter-Samariter-Bund Deutschland e.V. (ASB)
  Bundesgeschäftsstelle, Sülzburgstr. 140, 50937 Köln
  Telefon: (02 21) 47 60 50, (02 21) 47 60 52 88
  Arbeiter-Samariter-Bund Landesverband NW e.V.

Eupener Str. 161a, 50933 Köln
Telefon: 02 21/94 97 07-0, Fax: 02 21/94 97 07-19
www.asb-nw.de, E-Mail: kontakt@asb-nw.de

Arbeiterwohlfahrt Bundesverband e.V.
Tel. Altenhilfe: (02 28) 6 68 51 60, Telefax: (02 28) 6 68 52 09
Geschäftsstelle Berlin, Heinrich-Albertz-Haus
Blücherstr. 62/63, 10961 Berlin
Telefon: (030) 2 63 09-0, Telefax: (030) 2 63 09-3 25 99
www.awo.org

Bundesforum Katholische Seniorenarbeit
Kaiserstr. 161, 53113 Bonn
Telefon: (02 28) 10 33 24, Telefax: (02 28) 10 33 34

Deutscher Caritasverband e.V.
Karlstraße 40, 79104 Freiburg
Telefon: (07 61) 2 00-0
Telefon Altenhilfe: (07 61) 2 00-45 9, www.caritas.de

Deutscher Evangelischer Verband für Altenarbeit e.V.
DEVAP Geschäftsstelle, Rummelsberg 2, 90592 Schwarzenbruck
Telefon: (0 91 28) 50-23 00, Telefax: (0 91 28) 50 22 17
www.devap.de

Deutscher Paritätischer Wohlfahrtsverband e.V.
Oranienburger Str. 13-14, 10178 Berlin
Telefon: (0 30) 2 46 36-0, Telefax: (0 30) 2 46 36-110
Telefon Altenhilfe: (0 30) 2 46 36-4 33, Telefax: (0 30) 2 46 36-1 40
www.paritaet.org

Deutsches Rotes Kreuz e.V.
Carstenstr. 58, 12205 Berlin
Telefon: (0 30) 85 40 4-0, Telefax: (0 30) 8 54 04-4 50
www.drk.de

Diakonisches Werk der Evangelischen Kirche in Deutschland e.V.
Stafflenbergstraße 76, 70184 Stuttgart
Telefon: (07 11) 21 59-0, Telefax: (07 11) 21 59-2 88
Telefon Altenhilfe: (07 11) 16 56-2 37
www.diakonie.de

Johanniter Unfall-Hilfe e.V.
Bundesgeschäftsstelle, Lützowstraße 94, D-10785 Berlin
Telefon: (0 30) 2 69 97-0, Telefax: (0 30) 2 69 97-4 44
www.johanniter.de

Internetadressen:
www.nahrungsverweigerung.de
www.Seniorenpflegeheim-polle.de

**Juristische Beratung zu Vollmachten, Patientenverfügung und
Betreuungsverfügung:**

Ratgeber des Justizministeriums
  zum Betreuungsrecht
  www.bmj.de/files/-/1511/Betreuungsrecht_070208.pdf
  zur Patientenverfügung:
  www.bmj.bund.de/files/-/1512/Patvfg._160108.pdf
  Muster einer Betreuungsverfügung:
  www.bmj.bund.de/media/archive/535.pdf
Die Bundesnotarkammer:
  www.vorsorgeregister.de
Der Humanistische Verband Deutschlands
  www.patientenverfuegung.de

Kuratorium Deutsche Altershilfe
  Wilhelmine-Lübke-Stiftung e.V.
  An der Pauluskirche 3, 50677 Köln
  Telefon: (02 21) 93 18 47-0, Telefax: (02 21) 93 18 47-6
  www.kda.de
Landesstelle Pflegende Angehörige
  Gasselstiege 13, 48159 Münster
  Telefon: (02 51) 2 70 51 67, Telefax: (02 51) 2 70 53 71
  www.pflegende-angehoerige.net
  Die Landesstelle Pflegende Angehörige ist eine Einrichtung des
  Landesfamilienministeriums und berät in praktischen Fragen der
  Pflege. Gebührenfreie Beratung: (08 00) 2 20 44 00
Malteser-Hilfsdienst e.V
  Kalker Hauptstraße 22-24, 51103 Köln
  Telefon: (02 21) 98 22-01, Telefax: (02 21) 98 22-3 99
  www.malteser.de
Nikodemus-Werk e.V.
  Bund für gemeinnützige Altenhilfe aus Anthroposophie und
  Christengemeinschaft

Hügelstraße 69, 60433 Frankfurt/Main
Telefon: (0 69) 53 09 30, Telefax: (0 69) 53 09 33 66
www.nikodemuswerk.de

Pflegeversicherung

Bundesgesundheitsministerium, Bürgertelefon: (08 00) 15 15 15-8
(Montag bis Donnerstag: 8 bis 20 Uhr), kostenlos

Verbraucher-Zentrale NRW

Zentralversand, Adersstr. 78, 40215 Düsseldorf
Telefon: (01 80) 5 00 14 33, Telefax: (02 11) 3 80 92 35
www.vz-nrw.de/ratgeber, E-Mail: publikationen@vz-nrw.de

Wohnberatungsstellen

www.wohnungsanpassung.de
(Bundesarbeitsgemeinschaft Wohnungsanpassung).

Pflegehotels

Vivid Care GmbH

Hotel Sennegarten, Sennener Hellweg 59, 33659 Bielefeld
Telefon: (05 21) 1 44-46 76

Senator Kur- und Pflegehotel Bad Pyrmont

Auf der Schanze 3, 31812 Bad Pyrmont
Telefon: (0 52 81) 62 10-18 00, Telefax: (0 52 81) 62 10-10 67
E-Mail: info@senator-pflegehotel.de

Pflegehotel Zentrum Roseninsel

Salinenstraße 145–147, 55543 Bad Kreuznach
Telefon: (06 71) 2 98 17 00, Telefax: (06 71) 2 98 17 03

Kurzzeitpflegehotel Haus am Brunnen Bad Orb

Wendelinusstr. 22, 63619 Bad Orb
Telefon: (0 60 52) 60 66, Telefax: (0 60 52) 31 22

Pflegehotel Schloss Bad Wurzach

Marktstraße 9/1, 88410 Bad Wurzach
Telefon: (0 75 64) 93 46-0, Telefax: (0 75 64) 93 46-11
E-Mail: info@pflegehotel.de

Haus Rheinsberg

Donnersmarckweg 1, 16831 Rheinsberg
Telefon: (03 39 31) 3 44-0, Telefax: (03 39 31) 3 44-5 55
E-Mail: post@hausrheinsberg.de

Pflegehotel Taunusstein
  im Seniorenzentrum Taunusstein GmbH
  Lessingstraße 26–28, 65232 Taunusstein-Hahn
  Telefon: (0 61 28) 2 48-0, Telefax: (0 61 28) 2 48-9 99
  E-Mail: info@seniorenzentrum-taunusstein.de
Pflegehotel DRK Aalen
  am Ostalb-Klinikum Aalen, Im Kälblesrain 2, 73430 Aalen
  Telefon: (0 73 61) 99 70-0, Telefax: (0 73 6) 1 99 70-99
  E-Mail: pflegehotel@drk-aalen.de
Pflegehotel Matthäus-Ratzeberger-Stift GmbH
  Erzberger Straße 4, 88239 Wangen
  Telefon: (0 75 22) 7 07 52-0, Telefax: (0 75 22) 7 07 52-1 99
  E-Mail: matthaeus-ratzeberger-stift@ev-heimstiftung.de
  www.matthaeus-ratzeberger-stift.de
Landhaus Fernblick Winterberg
  Hotel für Demenz-Kranke und deren Angehörige
  Wernsdorfer Str. 44, 59955 Winterberg
  Telefon: (0 29 81) 8 98-0, Telefax: (0 29 81) 8 98-2 99
  E-Mail: landhaus-fernblick@aw-kur.de

Andere Erholungseinrichtungen

Helmut-Hochstetter-Haus Bergisch Gladbach
  Altenpflegeheim mit dem Bereich der Kurzzeittpflege
  und Tagespflege
  In der Jüch 47, 51465 Bergisch Gladbach
  Telefon: (0 22 02) 12 29 00, Telefax: (0 22 02) 1 22-2 22
Haus Boltenhagen an der Ostsee
  Erholungshaus der Alzheimer-Gesellschaft
  Mecklenburg-Vorpommern
  Telefon: (01 73) 2 11 73 90
Seniorenheim Regina Protmann
  Ermlandweg 1, 54550 Daun
  Telefon: (0 65 92) 71 10
  Urlaub mit Betreuung der pflegebedürftigen Familien-
  angehörigen

Pflegeheim Amrum

Feederhuugam 2, 25849 Nebel/Amrum

Telefon: (0 46 82) 9 60 67, Telefax: (0 46 82) 9 60 68

Oberstdorfer Haus der Senioren

Holzerstraße 17, 87561 Oberstdorf

Telefon: (0 83 22) 97 99-0, Telefax: (0 83 22) 97 99-77

E-Mail: nbarg@ahoberstdorf.brk.de

Pflegebüros

Das Pflegebüro

Kölner Str. 186, 40227 Düsseldorf

Telefon: (02 11) 8 99 89 98, Fax (02 11) 8 92 93 92

E-Mail: pflegebuero@stadt.duesseldorf.de

Pflegeberatung Wuppertal

Luisenstraße/Ecke Erholungsstr. 1 a; Wuppertal-Elberfeld

Telefon: (02 02) 2 52 22 25, Telefax: (02 02) 2 52 20 88

E-Mail: pflegeberatung@stadt.wuppertal.de

Landesstelle Pflegende Angehörige

www.pflegende-angehoerige.net

Gasselstiege 13, 58159 Münster

Telefon: (02 51) 2 70 51 67, Telefax: (02 51) 2 70 53 71

Die Landesstelle Pflegende Angehörige ist eine Einrichtung des Landesfamilienministeriums und berät in praktischen Fragen der Pflege. Gebührenfreie Beratung: (08 00) 2 20 44 00.

Altenpflegeeinrichtungen

Internetadressen:

Adressen Ambulante Altenpflege

www.meinestadt.de: Ihre Stadt und dann »Ambulante Pflegedienste« eingeben.

www.vdab.de

(Verband Deutscher Alten- und Behindertenhilfe e.V.)

www.bpa.de
   (Bundesverband privater Alten- und Pflegeheime und sozialer
   Dienste e.V.)
www.altenheim-adressen.de

Beispiele für empfohlene Altenpflegeheime:

Sozialholding in Mönchengladbach GmbH,
   Mönchengladbach, www.Sozial-Holding.de, siehe auch:
   www.kda.de/german/printarticles.php?id_art=325
Münchenstift GmbH
   München, www.muenchenstift.de
Haus an der Hofwiese
   Kösching, www.senioren-wohnzentrum.de/
   index.php?swh=koe&site=koe
Caritas-Betriebsführungs- und Trägergesellschaft (CBT)
   Köln, www.cbt-gmbh.de
Haus Abendfrieden
   Bad Neuenahr, www.fliedner.de

Beratungsstellen für Gewalt in der Pflege

Baden-Württemberg:

Ombudstelle für Probleme und Beschwerden
   in Altenhilfe-Einrichtungen der Diakonie
   Telefon: (0 79 03) 94 16 77

Berlin:

Pflege in Not
   Diakonisches Werk Berlin Stadtmitte e.V., Bergmannstr. 44
   10961 Berlin, Telefon: (0 30) 69 59 89 89,
   Telefax: (030) 69598896, Montag, Mittwoch u. Freitag, 10–12 Uhr
   E-Mail: pflege-in-not@dw-stadtmitte.de
   www.dw-stadtmitte.de/index.php?id=66

Seniorenschutz-Telefon
gegen häusliche Gewalt im Alter (Humanistischer Verband)
Wallstraße 61–65, 10179 Berlin
Telefon: (0 30) 44 05 38 97
Montag, 10 bis 12 Uhr, Donnerstag, 16.30 bis 18.30 Uhr

Bonn:

Handeln statt Misshandeln (HsM)
Bonner Initiative gegen Gewalt im Alter e.V.
Goetheallee 51, 53225 Bonn
Notruftelefon: (02 28) 69 68 68
Info-Telefon: (02 28) 63 63 22, Telefax: (02 28) 63 63 31
E-Mail: info@hsm-bonn.de, Montag bis Freitag 10 bis 12 Uhr

Bremen:

Informationsbüro Pflege und Pflegebeschwerdestelle
Magdeburgerstraße 17, 28077 Bremen
Telefon: (04 21) 3 61 82 21, Montag bis Donnerstag 9 bis 12 Uhr
Unabhängige Patientenberatung Bremen e.V.
Richard-Wagner-Str. 1 a, 28209 Bremen
Telefon: (04 21) 3 47 73 74
Help-Line für pflegende Angehörige und ältere Menschen
Am Dobben 31, 28203 Bremen
Telefon: (04 21) 7 94 84 98, Telefax: (04 21) 2 77 84 90
Notruf: Montag bis Freitag, 14 bis 17 Uhr

Erlangen

Pflegeberatungsstelle
Rathausplatz 1, 91051 Erlangen
Telefon: (0 91 31) 86 23 29, Telefax: (0 91 31) 86 27 27
E-Mail: anneliese.rohwer@stadt.erlangen.de

Frankfurt

»Seniohr«
Beratungs- und Krisentelefon für Seniorinnen und Senioren
Oberlindau 20, 60323 Frankfurt/Main
Beratungstelefon: (08 00) 0 01 11 00, Telefax: (0 69) 97 20 17 11
Info-Telefon: (0 69) 97 20 17 38
Montag bis Freitag, 10 bis 12 Uhr, Donnerstag, 15 bis 17 Uhr,
E-Mail: Seniohr@t-online.de

Hamburg:

Pflegetelefon
Hammerbrookstraße 5, 20097 Hamburg
Telefon: (0 40) 28 05 38 22, Telefax: (040) 28 05 38 44
Montag bis Freitag 9 bis 13 Uhr
E-Mail: pflegetelefon.hamburg@arcormail.de

Hannover:

Kommunaler Seniorenservice Hannover (KSH)
Herschelstr. 30, 30159 Hannover
Telefon: (05 11) 1 68-4 36
Montag bis Donnerstag, 8 bis 16 Uhr, Freitag, 8 bis 13 Uhr
Telefax: (05 11) 1 68-4 64 01
E-Mail: Siegfried.Ullmann@Hannover-Stadt.de
service@seniorenberatung-hannover.de
www.seniorenberatung-hannover.de

Mainz

Informations- und Beschwerdetelefon Pflege
Verbraucherzentrale Rheinland-Pfalz e.V.
Ludwigstr. 6, 55116 Mainz
Telefon: (0 61 31) 28 48 41, Telefax: (0 61 31) 28 48 13

Montag und Mittwoch, 10 bis 13 Uhr, Donnerstag, 14 bis 18 Uhr
E-Mail: Pflege@verbraucherzentrale-rlp.de

München

Arbeitskreis gegen Menschenrechtsverletzungen
(Rechtsanwalt Alexander Frey)
Riemerschmidstraße 41, 80933 München
Telefon: (0 89) 3 13 30 28
Städtische Beschwerdestelle für Probleme in der Altenpflege
Direktorium Rathaus Zimmer 283
Marienplatz 8, 80313 München,
Telefon: (0 89) 23 32 06 60, Telefax (0 89) 23 32 19 73
Montag, 9 bis 12 Uhr, Mittwoch, 15 bis 17 Uhr
E-Mail: staedtische-beschwerdestelle.altenpflege@muenchen.de
Vereinigung Integrationsförderung
Klenzstraße 57c, 80469 München
Telefon: (0 89) 3 09 04 86-0, Telefax: (0 89) 3 09 04 86-42
E-Mail: kontakt@vif-selbstbestimmt-leben.de
Leitung: Claus Fussek

Nürnberg

Seniorenamt/Stadtseniorenrat
Beschwerde- und Schlichtungsstelle Pflege
Königstorgraben 11, 90402 Nürnberg
Telefon: (09 11) 2 31 65 55, Telefax: (09 11) 2 31 65 12
Montag bis Donnerstag, 8.30 bis 15.30 Uhr
Freitag, 8.30 bis 12.30 Uhr
E-Mail: thomas.tromboukis@stadt.nuernberg.de
www.senioren.nuernberg.de

Preisbeispiele für Altenpflegeheime

Pflegeheime und Kosten laut Pflegenavigator
www.aok-pflegenavigator.de

Seniorenheim Hüls (Fischers-Meyser-Stift)
Am Beckshof 11–21, 47839 Krefeld
Telefon: (0 21 51) 7 46 63 30, Telefax: (0 21 51) 7 46 63 55

Preis (Vollstationäre Pflege: Allgemeiner Pflegesatz):

Pflegestufe	Preis des Pflegeplatzes (in Euro)	Anteil der Pflegekasse (in Euro)	Vom Heimbewohner zu zahlendes Entgelt (in Euro)
I	68,65	33,63	35,02
II	86,68	42,04	44,64
III	105,39	47,07	58,32

Städtisches Seniorenzentrum Lindenallee
Lindenallee 23, 47229 Duisburg
Telefon: (0 20 65) 92 90 10, Telefax: (0 20 65) 92 90 15

Preis (Vollstationäre Pflege: Allgemeiner Pflegesatz):

Pflegestufe	Preis des Pflegeplatzes (in Euro)	Anteil der Pflegekasse (in Euro)	Vom Heimbewohner zu zahlendes Entgelt (in Euro)
I	65,41	33,63	31,78
II	82,47	42,04	40,43
III	100,16	47,07	53,09

Alten- und Pflegeheim Edmund-Hilvert-Haus Düsseldorf
Roßstraße 79, 40476 Düsseldorf
Telefon: (02 11) 43 49 41, Telefax: (02 11) 43 40 83
E-Mail: info@edhh.de

Pflegestufe 0	tägl.	62,25 € Mehrbettzimmer x 30,42 Tage = **1.893,65 €** Heimkosten ohne jedweden Abzug	63,37 € Einzelzimmer x 30,42 Tage = **1.927,72 €** Heimkosten ohne jedweden Abzug

Pflegestufe I	tägl.	76,88 € Mehrbettzimmer	78,00 € Einzelzimmer
		x 30,42 Tage	x 30,42 Tage
		= 2.338,69 € Heimkosten	= 2.372,76 € Heimkosten
		− 1.023,00 € Pflegevers.	− 1.023,00 € Pflegevers.
		= **1.315,69 € verbl. Heimk.**	= **1.349,76 € verbl. Heimk.**
Pflegestufe II	tägl.	94,37 € Mehrbettzimmer	95,49 € Einzelzimmer
		= 2.870,74 € Heimkosten	= 2.904,81 € Heimkosten
		− 1.279,00 € Pflegevers.	− 1.279,00 € Pflegevers.
		= **1.591,74 € verbl. Heimk.**	= **1.625,81 € verbl. Heimk.**
Pflegestufe III	tägl.	112,52 € Mehrbettzimmer	113,64 € Einzelzimmer
		x 30,42 Tage	x 30,42 Tage
		= 3.422,86 € Heimkosten	= 3.456,93 € Heimkosten
		− 1.432,00 € Pflegevers.	− 1.432,00 € Pflegevers.
		= **1.990,86 € verbl. Heimk.**	= **2.024,93 € verbl. Heimk.**

Nova Vita Residenz

Am Folkwang Museum, Goethestraße 19, 45128 Essen
Telefon: (02 01) 72 92-0, Telefax: (02 01) 72 92-700
E-Mail: essen@novavita.com Nova

Das tägliche Leistungsentgelt für die stationäre Pflege teilt sich
wie folgt auf:

	Stufe 0	Stufe I	Stufe II	Stufe III
Allgemeine Pflegeleistungen	27,20 €	41,23 €	58,10 €	75,56 €
Unterkunft und Verpflegung	26,87 €	26,87 €	26,87 €	26,87 €
Investitionskostenanteil	20,86 €	20,86 €	20,86 €	20,86 €

Abschlag für Doppelzimmer: 1,12 € tägl.
Pflegesätze gültig ab 1. Januar 2008

Beispiel für 30 Tage	Pflegestufe I	Pflegestufe II	Pflegestufe III
monatliche Kosten	2.668,80 €	3.174,90 €	3.698,70 €
Erstattungsbetrag der Pflegekasse	1.023,00 €	1.279,00 €	1.432,00 €
durchschnittlicher monatl. Eigenanteil	**1.645,80 €**	**1.895,90 €**	**2.266,70 €**